Beltz Taschenbuch 25

Über dieses Buch:
Was ist eine soziale Rolle? Wie bildet sich eine Gruppe und welche Elemente bestimmen sie? Was heißt Kommunikation? Wie nehmen wir unser eigenes Verhalten wahr?

Otto Marmets kleiner Abriß der Sozialpsychologie führt anschaulich und gut verständlich in die wichtigsten sozial- und gruppenpsychologischen Grundbegriffe ein. Unter Berücksichtigung der grundlegenden Forschung (z.B. Erikson, Goffman, Watzlawick, Rogers und C.G. Jung) behandelt er anhand alltagsnaher Beispiele die zentralen Themen der Sozialpsychologie: Kommunikation, Gruppenbeziehungen, Sozialisation, soziale Wahrnehmung und soziales Lernen.

Der Leser braucht weder besondere Vorkenntnisse noch ein Wörterbuch; sehr bewußt verzichtet der Autor auf einen schwerverständlichen psychosoziologischen Fachjargon.

Ein Buch, das sich an alle wendet, die sich für sozial- und gruppenpsychologische Vorgänge interessieren und über entsprechende Grundkenntnisse für ihre berufliche Tätigkeit verfügen müssen: Lehrer, Erzieher, Sozialarbeiter und Sozialpädagogen, Krankenpfleger.

Der abwechslungsreiche Aufbau der Kapitel mit Motto, Beispiel, Karikatur und Zusammenfassung ermöglicht auch den Einsatz im Unterricht der Sekundarstufe II und macht es interessant für jeden, der sich aus persönlichem Interesse einen Einblick in die Sozialpsychologie verschaffen will.

Der Autor:
Dr. Otto Marmet studierte Psychologie, Pädagogik und Soziologie. Von 1968–86 war er Professor für Psychologie im Kanton St. Gallen und ist jetzt als Psychologe in freier Praxis tätig.

Otto Marmet

Ich und du und so weiter

Kleine Einführung
in die Sozialpsychologie

Besuchen Sie uns im Internet:
www.beltz.de

Alle Rechte, insbesondere die der Vervielfältigung und Verbreitung, sowie der
Übersetzung, vorbehalten. Kein Teil des Werkes darf in irgendeiner Form (durch
Fotokopie, Mikrofilm oder ein anderes Verfahren) ohne schriftliche Genehmigung
des Verlages reproduziert oder unter Verwendung elektronischer Systeme
verarbeitet, vervielfältigt oder verbreitet werden.

Beltz Taschenbuch 25
1999 Beltz Verlag • Weinheim und Basel

7 8 9 10   07 06 05 04 03

© 3., überarb. Aufl. 1996 Psychologie Verlags Union, Weinheim
Umschlaggestaltung: Federico Luci, Köln
Umschlagphotographie: © Bavaria Bildagentur, München
Zeichnungen: Etienne
Gesamtherstellung: Druckhaus Beltz, Hemsbach
Printed in Germany

ISBN 3 407 22025 1

Ich danke:

Meinen Schülern, die mich gelehrt haben, klarer, einfacher und direkter zu reden und zu schreiben.

Inhaltsverzeichnis

Einführung

Man versteht in der Psychologie überhaupt nur, was man erlebt hat.

C.G. Jung

Psychologische Erkenntnisse wachsen in der Regel aus persönlichen Erfahrungen. Überall, wo Psychologie gelehrt wird, entsteht daher ein spezifisches Problem: Wissen kann man vermitteln, Erfahrung dagegen nicht. Der Lernende muß seine Erfahrungen selber machen. Traditioneller Unterricht beschränkt sich meistens auf die Vermittlung von Wissen. Die Lernenden erwerben Kenntnisse, die mit ihrem persönlichen Verhalten wenig zu tun haben. Unter dem Druck der Praxis bricht das theoretische Gebäude häufig zusammen, und es bleibt die Überzeugung, daß „Psychologie auch nicht helfen kann". Heute versucht man deshalb zunehmend, die Kluft zwischen Theorie und Praxis mit Hilfe gruppendynamischer Übungen und Spiele zu überwinden[1]. Die gemeinsame Absicht dieser Spielformen ist ein ganzheitliches lebensnahes Lernen: Das konkrete Handeln (die Praxis) soll der Theorie vorausgehen. Die Lernenden werden angeregt, Erfahrungen zu machen und anschließend darüber nachzudenken. Problematisch ist dieses Vorgehen dort, wo die Entscheidungsfreiheit des einzelnen nicht respektiert wird. Lernende können durch Spielformen manipuliert werden. Sie geraten in Situationen und Auseinandersetzungen, die sie nicht gewollt haben und die ihnen nicht entsprechen. Wie sollen sie unter diesen Umständen Erfahrungen machen, die ihnen persönlich weiterhelfen?

Dennoch ist die Grundidee richtig: Psychologie muß handelnd erlebt werden können. Die bloße Anhäufung von Wissen ist unnütz und beeinträchtigt die Offenheit für Erfahrungen. Seit ich Psychologie unterrichte, versuche ich daher, Lernbedingungen zu schaffen, die eine

---

1 vgl. Antons (1973), Pfeiffer (1974), Vopel (1974, 1981) etc.

persönliche Erfahrung anregen und ermöglichen. Konkrete Übungen in vielen Bereichen des Sozialverhaltens sind zum festen Bestandteil dieses Unterrichts geworden, z.B.:

- Sich einfühlen und zuhören lernen.
- Genauer und vollständiger wahrnehmen lernen.
- Eigene Anliegen vertreten lernen.
- Mit Konflikten umgehen lernen.

Neue Wege hat mir in letzter Zeit das „Themenzentrierte Theater" (TZT)[1] gezeigt. In einer eigenen Mischung von Realität und Fiktion ermöglicht es dem Lernenden, sich spielerisch auf Erfahrungen einzulassen, ohne in die Zwänge gruppendynamischer Übungen zu verfallen.

Solche Lernprozesse brauchen allerdings Zeit. Es läßt sich nichts erzwingen oder abkürzen. Nur geduldiges und beharrliches Erfahrungslernen führt zur Erweiterung persönlicher Verhaltensmöglichkeiten. Theorie hat dabei die Funktion, Erfahrungen zu klären und zu verarbeiten. Sie dient dem Nachdenken, der Reflexion.

Die vorliegende Einführung in die Sozialpsychologie soll als Hintergrundinformation persönliches Erfahrungslernen begleiten. Ich habe versucht, psychologisches Grundwissen in der Umgangssprache zu vermitteln. Der Leser braucht keine besonderen Vorkenntnisse und kein Wörterbuch. Die Fachbegriffe werden durch Beispiele erklärt. Auf die in Lehrmitteln übliche Gängelung des Lesers durch Fragen, Denkanstöße, Arbeitsanweisungen etc. habe ich bewußt verzichtet. Erfahrungen sollen im Umfang mit Menschen – und nicht beim Lesen eines Lehrbuches gemacht werden. Ich habe daher die knappste Form der Informationsvermittlung gesucht. Alle didaktischen Elemente (Motto, Beispiel, Karikatur, Zusammenfassung) dienen demselben Zweck: Sie sollen den Weg zur Theorie verkürzen, um Zeit für die Praxis zu gewinnen.

---

1 Werthmüller (1993[3]).

1 Kommunikation

1.1 Das soziale Grundgeschehen

Ein Kopfschütteln hieß „nein", ein Nicken „ja", eine heranziehende Bewegung hieß „komm", und eine wegschiebende „geh". Wollte ich Brot haben, versuchte ich, den Vorgang des Brotschneidens und -bestreichens nachzuahmen . . . Die wenigen Zeichen, die ich beherrschte, wurden immer unzulänglicher und meinen vergeblichen Versuchen, mich verständlich zu machen, folgten unfehlbar heftige Erregungsausbrüche. Es war, als ob mich unsichtbare Hände umklammert hielten, und ich machte verzweifelte Anstrengungen, um mich zu befreien.

Helen Keller

Helen Keller war taub und blind. Tastsinn und Körpersprache waren ihre einzigen Möglichkeiten, mit der Umwelt in Kontakt zu kommen. Die Geschichte ihres Lebens ist ein erschütternder Bericht über den Kampf eines Menschen um Kommunikation[1]. Mit aller Kraft versuchte sie, ihre Bedürfnisse zu äußern und von den anderen Antwort zu bekommen. Aus Einsamkeit und Verzweiflung wurde sie erst erlöst, als ihr eine Lehrerin die Sprache durch ein System von Hand- und Fingerbewegungen vermitteln konnte. Helen entdeckte, daß die Fingerbewegungen eine Bedeutung hatten, daß es Worte gab und daß man miteinander „reden" konnte. Der Weg zur menschlichen Kommunikation war gefunden.

Kommunikation ist Austausch von „Botschaften". Wenn wir kommunizieren, teilen wir anderen etwas mit, und wir empfangen ihre Mitteilungen. Durch Kommunikation können Menschen in Beziehung treten

---

1 Helen Keller: Die Geschichte meines Lebens.

und aufeinander wirken. Kommunikation ist der eigentliche „Träger des sozialen Geschehens"[1].

Es gibt viele Formen der Kommunikation. Der schreiende Säugling z.B. teilt sein Unwohlsein mit und sucht – wenn auch unbewußt – eine Antwort. Wir kommunizieren durch Mimik und Gestik; wir verwenden Zeichen, Signale und Symbole. Das wichtigste Kommunikationsmittel ist aber die Sprache. Sie eröffnet uns fast unbegrenzte Möglichkeiten des Ausdrucks und schafft die Voraussetzungen für Menschwerdung und kulturelle Entwicklung.

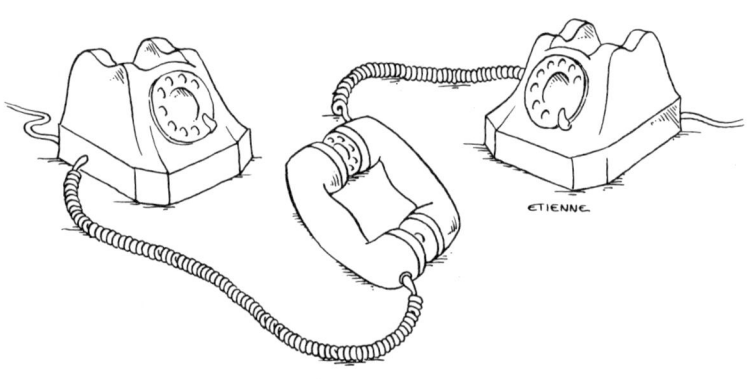

ETIENNE

Kommunikation ist das grundlegende soziale Geschehen. Sprachlich und nichtsprachlich teilen wir uns den anderen mit und wir empfangen ihre Mitteilungen. Auf diesem Vorgang beruhen Menschwerdung und kulturelle Entwicklung.

---

1 Hartley und Hartley (1955), S. 11.

1.2 Eigenschaften der Kommunikation

Offensichtlich ist, daß der Mensch von den ersten Ta-
gen seines Lebens an die Regeln der Kommunikation
zu erlernen beginnt, obwohl diese Regeln ihm kaum
jemals bewußt werden.

Watzlawick/Beavin/Jackson:
Menschliche Kommunikation

Das Naheliegendste wird uns häufig nicht bewußt. Kommunikation ist so sehr Teil unseres Lebens, daß wir kaum wahrnehmen, wie sie funktioniert. Es ist kein Zufall, daß die folgenden Eigenschaften der Kommunikation erst vor relativ kurzer Zeit wissenschaftlich beschrieben wurden[1]. Da sie grundlegend sind und weder abgeleitet noch bewiesen werden können, bezeichnet man sie auch als „Axiome".

A) Es ist unmöglich, nicht zu kommunizieren

In Gegenwart anderer Menschen gibt es die Freiheit, auf Kommunikation zu verzichten, nicht. Wer redet, teilt etwas mit, wer schweigt ebenfalls. Verhalten hat kein Gegenteil. Man kann sich nicht „nicht verhalten".

Wer im Bahnabteil angestrengt zum Fenster hinaussieht oder in einem Buch liest, wird von den Mitreisenden ebenso verstanden wie einer, der ein Gespräch über das Wetter beginnt.

Schweigen ist allerdings eine vieldeutige Mitteilung, die zu vielen Mißverständnissen führen kann. Da der Sachinhalt fehlt, muß das Schweigen aus dem Situationszusammenhang und dem Ausdrucks-

---

1 Watzlawick/Beavin/Jackson: Menschlich Kommunikation. Verlag H. Huber, Bern 1969.

verhalten des „Schweigers" gedeutet werden. Wer in einer Diskussion nichts sagt, wird von den anderen oft höchst unterschiedlich „verstanden".

B) Menschliche Kommunikation ist „zweisprachig": begrifflich und ausdruckshaft

Wenn Menschen miteinander reden, tun sie dies in zwei sehr verschiedenen Sprachsystemen. Sie bedienen sich einer begrifflichen Sprache und drücken sich gleichzeitig mimisch, gestisch, durch Tonfall und Klangfarbe der Stimme aus.

Der geschriebene Text ist einsprachig: begrifflich. Schweigen, Lachen, Weinen sind ebenfalls einsprachig: ausdruckshaft. Säuglinge beherrschen zunächst nur die Ausdruckssprache. Wenn Erwachsene mit ihnen sprechen, reagieren sie in erster Linie auf den Ausdrucksgehalt der Stimme und des Gesichtes.

Die Ausdruckssprache ist unmittelbarer und ursprünglicher als die

Begriffssprache. Sie ist aber auch weniger logisch faßbar. So gibt es z.B. Tränen des Schmerzes, der Wut, aber auch der Freude. Die geballte Faust kann Drohung, Wut oder Selbstbeherrschung ausdrükken, ein Lächeln Zuneigung oder Verachtung[1]. Ähnliches gilt natürlich für das Schweigen.

C) Der Beziehungsaspekt definiert den Inhaltsaspekt der Kommunikation

Kommunikation hat zwei Ebenen:

Inhalt   (**Was** gesagt wird)

Beziehung (**Wie** es gesagt wird)

Der Inhalt wird gewöhnlich durch Worte vermittelt. Gleichzeitig gibt das Ausdrucksverhalten Hinweise darauf, wie das Gesagte aufzufassen ist. Die folgenden Sätze z.b. können − je nach Tonfall und Situationszusammenhang − auch das Gegenteil des wörtlichen Inhalts bedeuten.

Das hast du ja gut gemacht!
Tatsächlich, ein hübsches Kleid!
Natürlich komme ich gern!

„Wie's gemeint ist", sagt die Ausdruckssprache. Sie liefert gleichsam die „Verstehensanweisung" zum begrifflichen Inhalt. Man kann also sagen, daß der Beziehungsaspekt (das WIE) der Kommunikation den Inhaltsaspekt (das WAS) festlegt oder definiert.
Besondere Probleme ergeben sich natürlich dort, wo der Beziehungsaspekt mit dem Inhalt nicht übereinstimmt. Viele Kinder empfangen auf der verbalen Ebene die Botschaft: „Wir lieben dich! Wir wollen nur das Beste für dich!" Und sie sind zutiefst verstört, weil sie auf der Beziehungsebene ganz anderes wahrnehmen. Allerdings ist es langfristig gesehen schwierig, anderen etwas vorzumachen. Man kann

---

1 a.a.O., S. 66.

zwar leicht mit Worten lügen, um aber auf der Ausdrucksebene täuschen zu können, muß man ein recht guter Schauspieler sein. Deshalb durchschauen Kinder die Erwachsenen oft ziemlich rasch. Sie spüren die Diskrepanz zwischen dem WAS und dem WIE der Kommunikation.

D) In einer Beziehung ist jedes Verhalten zugleich Ursache und Wirkung

Der unbeteiligte Beobachter kann diese Grundeigenschaft der Kommunikation ohne weiteres wahrnehmen. Was er aber von außen sieht, erleben die Beteiligten in der Regel anders.

Beispiel: Eine sehr initiative energische Frau lebt mit einem eher passiven Mann zusammen, der ihr die meisten Entscheidungen überläßt.

Für den Außenstehenden ist es klar, daß die Passivität des Mannes und die Initiative der Frau einander gegenseitig bedingen: Die Passivität des Mannes ist einerseits die *Ursache* für das initiative Verhalten der Frau: Sie ist so aktiv, weil er so passiv ist. Andererseits ist seine Passivität auch die *Wirkung* ihres Verhaltens: Er ist so passiv, weil sie so aktiv ist. Die gegenseitige „Verursachung" des Verhaltens läßt sich folgendermaßen darstellen:

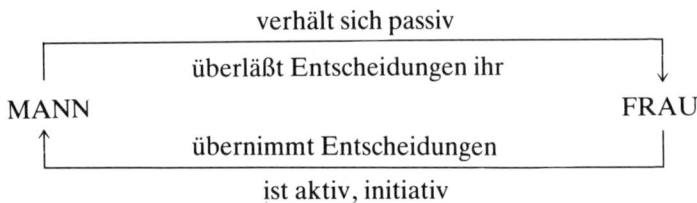

Die direkt Beteiligten erleben allerdings ihre Beziehung anders.

So beklagt sich die Frau oft darüber, daß sie alles selber machen müsse, weil ihr Mann so gleichgültig sei und immer alles ihr überlasse.

16

Der Mann dagegen ist der Meinung, daß er nur dann seinen Frieden haben könne, wenn er sie machen lasse. Sie gebe ohnehin keine Ruhe, bis sie ihren Willen durchgesetzt habe.

Mann und Frau erleben das Verhalten des Partners jeweils als *Ursache* für das eigene Verhalten: *Weil* sie/er so ist, *muß ich* . . . Damit hat die Abfolge von Ereignissen einen „Anfangspunkt" bekommen: er liegt beim anderen!

E) Kommunikationsabläufe sind symmetrisch oder komplementär

Wenn Menschen symmetrisch kommunizieren, verhalten sie sich gleichsam spiegelbildlich: sie tun und sagen ungefähr das, was der andere auch tut oder sagt.

Man versucht sich z.B. für ein Geschenk zu „revanchieren". Komplimente „gibt man zurück", Schimpfworte ebenfalls.

Symmetrische Kommunikation ist Ausdruck eines Strebens nach Gleichheit. Dies gilt für streitende Kinder, die dasselbe Imponiergehaben zeigen. Dies gilt auch für Erwachsene, die sich überlegen, was sie anziehen müssen, um bei einer Einladung „nicht aus dem Rahmen zu fallen".

Komplementäre Kommunikation beruht dagegen auf Unterschieden. Das Verhalten der Partner ergänzt sich gegenseitig.

So ist z.B. die Kommunikation zwischen Mutter und Säugling komplementär. Doch schon das Kleinkind versucht vielleicht, ein Stück Symmetrie herzustellen, wenn es seinen Willen gegenüber dem der Mutter durchsetzt.

Harmonische Partnerbeziehungen enthalten oft viele komplementäre Elemente. „Die beiden passen gut zusammen" sagt man, wenn Unterschiede in Persönlichkeit und Verhalten sich gegenseitig ergänzen. Ob eine Kommunikationsfolge symmetrisch oder komplementär verläuft, hängt sehr von den Erwartungen der Umwelt ab. Wenn ein Zehnjähriger auf dem Pausenplatz von einem Kameraden herausgefordert wird, so weiß er, was er seinem Ansehen schuldig ist. Wird er aber ein paar Minuten später vom Lehrer aus irgendeinem Grund angefahren, so erwartet niemand, daß er „zurückgibt".

Die erwähnten Beispiele machen auch folgendes deutlich: In symmetrischen Beziehungen kommt es leicht zu offenen Auseinandersetzungen. Konflikte werden ausgetragen und Streit ist manchmal unvermeidlich. In komplementären Beziehungen bleiben Konflikte dagegen oft lange verborgen.

Grundlegende Eigenschaften (Axiome) der Kommunikation

A Es ist unmöglich, nicht zu kommunizieren.

B Menschliche Kommunikation ist zweisprachig: begrifflich und ausdruckshaft.

C Der Beziehungsaspekt (das WIE) definiert den Inhaltsaspekt (das WAS) der Kommunikation.

D In einer Beziehung ist jedes Verhalten zugleich Ursache und Wirkung.

E Kommunikationsabläufe sind symmetrisch oder komplementär.

1.3 Die vier Seiten der Nachricht

Daß jede Nachricht ein ganzes Paket mit vielen Botschaften ist, macht den Vorgang der zwischenmenschlichen Kommunikation so kompliziert und störanfällig, aber auch so anregend und spannend.

F. Schulz von Thun

In den letzten Jahren wurde ein einfaches und praktikables Modell der Kommunikation entwickelt, das inzwischen allgemeine Anerkennung und Verbreitung gefunden hat.[1] Es basiert sowohl auf Forschungsergebnissen der Psychologie (P. Watzlawick) als auch der Sprachwissenschaft (K. Bühler). Das Modell geht aus von der „Ur-Situation" der Kommunikation: Jemand möchte jemandem etwas mitteilen. In der Sprache der Nachrichtentechnik ausgedrückt: Es gibt einen *Sender*, einen *Empfänger*, und es gibt eine *Nachricht*. Im Modell:

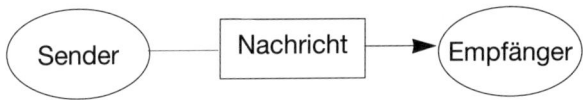

Beispiel:
Ein Ehepaar beim Frühstück. Der Mann - nach einem Blick in die Kanne: „Es hat keinen Kaffee mehr!"

Eine solche Nachricht enthält verschiedene Botschaften. Was hat der Sender in seine Nachricht „hineingepackt" und was hört die Empfängerin heraus? Man kann vier bedeutsame psychologische Aspekte oder „Seiten" der Nachricht unterscheiden:

---

1 F. Schulz von Thun: Miteinander reden. Rowohlt Verlag, Hamburg 1981.

1. Sachinhalt (worüber ich informiere)

In unserem Beispiel ist der Sachinhalt einfach: Der Mann informiert die Frau darüber, daß kein Kaffee mehr da ist. Diese Seite der Nachricht ist also unmißverständlich, geradezu banal. Natürlich ist dies nicht bei allen Nachrichten der Fall. Wissenschaftler (leider auch Psychologen), Juristen und Bürokraten äußern sich oft so, daß die meisten Menschen Mühe haben, den Sachinhalt überhaupt zu verstehen. In vielen Fällen liegt das nicht daran, daß der Sachverhalt an sich so schwierig ist. Die Fomulierung ist bloß zu kompliziert, zu weitschweifig, zu hochgestochen, zu ungegliedert. Der Sachinhalt einer Nachricht wird verständlich durch eine einfache, knappe und klar geordnete Formulierung.

2. Selbstoffenbarung (was ich von mir selbst kundgebe)

Jede Nachricht verrät auch etwas über den Sender selbst. Bewußt oder unbewußt gibt der Sender etwas von sich preis. In unserem Beispiel ist diese Seite der Nachricht ziemlich klar: der Mann hat offenbar Lust auf mehr Kaffee. Allerdings ist diese Botschaft nur *ziemlich* klar, denn die Empfängerin muß sie eigentlich erraten - was in diesem Fall nicht gerade schwierig ist. In sehr vielen Nachrichten ist die Selbstoffenbarung dagegen verdeckt. Wenn der Sender z.B. das Bedürfnis hat, den Empfänger zu beeindrukken, so kann er das sehr diskret in die Nachricht hineinpacken. Je nach Empfänger/Publikum kann er sich *gewählt* ausdrücken („elitärer Sprachgebrauch") oder auch den allerneuesten „*Insider-Slang*" verwenden. So oder so gibt er etwas von sich selber preis.

3. Beziehung (wie wir zueinander stehen)

Die Nachricht enthält auch eine Beziehungsbotschaft: Der Sender deutet an, wie er zum Empfänger steht. In unserem Beispiel gibt der Mann zu verstehen, daß er von der Frau etwas verlangen kann. Implizit - das heißt, ohne es ausdrücklich zu sagen - definiert er die Beziehung ungefähr so: „Von uns beiden bist *du* diejenige, die für solche Dinge zuständig ist. Wenn es also keinen Kaffee mehr hat, bist *du* verantwortlich und *du* stehst auf und sorgst für Nachschub." Wenn die Frau diese Beziehungsbotschaft akzeptiert, so steht sie auf und macht Kaffee. Weist sie aber diese Botschaft zurück, so sagt sie vielleicht: „In der Küche steht alles bereit".

4. Appell (wozu ich dich veranlassen möchte)

Die meisten Nachrichten enthalten auch einen Appell: Der Sender möchte den Empfänger beeinflussen, er möchte ihn veranlassen, etwas zu tun, zu denken oder zu fühlen. In unserem Beispiel ist der Appell ziemlich offensichtlich: „Mach mir bitte noch einen Kaffee!" In der Werbung heißt der Appell natürlich: „kauf mich!" und in der politischen Propaganda: „wähl mich!" Solche Appelle sind manchmal offen und direkt, oft aber auch sehr verdeckt formuliert. Der Sender stellt häufig vor allem die Seite der Sachinfomation in den Dienst des Appells. Ein Sachverhalt wird so *logisch-zwingend*, so *realistisch-faktisch*, so *wissenschaftlich-begründet* dargestellt, daß der Empfänger mit „gesundem Menschenverstand" dem verdeckten Appell eigentlich nur noch folgen kann.

Zusammenfassend lassen sich die vier Seiten der Nachricht folgendermaßen darstellen:

In unserem Beispiel enthält die gesendete *Nachricht* also vier *Botschaften*:

Es hat keinen Kaffee mehr

Ich möchte Kaffee | | Mach bitte Kaffee!

Kaffee machen ist *deine* Sache!

Dieses Modell eignet sich hervorragend zur Klärung von Miß-verständnissen und zur Analyse von Störungen in der zwischen-menschlichen Kommunikation. Wenn z.B. nach einem Austausch von Nachrichten der Sender (Sohn) wütend ist und die Empfän-gerin (Mutter) anschreit: „Du hörst mir überhaupt nicht zu!", dann ist nicht anzunehmen, daß die Mutter den Sachinhalt nicht gehört hat. Viel eher hat sie eine der anderen „hineingepackten" Botschaften nicht herausgehört oder nicht hören wollen. Eine Nachricht ist eben „ein Paket mit vielen Botschaften."[1] Bei Miß-verständnissen kann es sich lohnen, das Paket einmal vollständig auszupacken und die Botschaften genau anzusehen.

Nachrichten enthalten vier wichtige psychologische Botschaften:
1. Sachinhalt (worüber ich informiere)
2. Selbstoffenbarung (was ich von mir selbst kundgebe)
3. Beziehung (wie wir zueinander stehen)
4. Appell (wozu ich dich veranlassen möchte)

1 a.a.O., S.26.

2 Die Gruppe

2.1 Gruppe und Gruppenstruktur

*Der einzelne Mensch wird in der Gruppe Teil eines
neuen Ganzen, dessen Charakter von den Eigenschaften aller Gruppenteilnehmer bestimmt wird. Jedes
Ich in der Gruppe nimmt etwas vom anderen und gibt
etwas her.*

Adolf Friedemann

Überall auf der Welt leben die Menschen in Gruppen. Kinder wachsen in Gruppen auf; sie lernen und spielen in Gruppen. Erwachsene arbeiten mit Kollegen zusammen und verbringen die Freizeit mit Freunden und Bekannten. Die kleinste Gruppe ist das Paar: Zwei Freunde, Mann und Frau, Mutter und Kind. *Gruppen sind so etwas wie das „Lebenselement" von Menschen.*
Andere Formen des Zusammenseins sind wesentlich kurzlebiger und weniger entwickelt.

● Wenn viele Menschen ohne besondere Beziehungen zusammenkommen, entsteht eine *Menge*. Menschenmengen gibt es in Kaufhäusern, auf den Straßen, auf Bahnhöfen, bei Sportanlässen etc. Viele Menschen sind zur gleichen Zeit am gleichen Ort anwesend.

Menge:
Das Nebeneinander
vieler Menschen

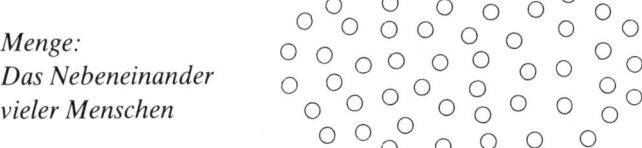

● Mengen können durch irgendein Ereignis aktiviert werden. Wenn etwas geschieht, das alle Anwesenden betrifft und erregt, ist ein gemeinsames Motiv da. Vielleicht kommt es zu einer „Massenreaktion",

z.B.: − Wenn in einem Warenhaus Feuer ausbricht.
− Wenn auf dem Fußballplatz der Schiedsrichter eine Entscheidung trifft, die von den Anhängern einer Mannschaft als ungerecht empfunden wird.

Masse:
Eine aktivierte
Menge

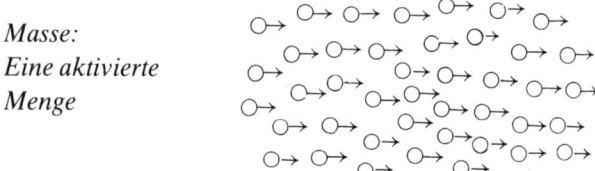

Gruppen sind differenziertere soziale Gebilde. Sobald Menschen für eine gewisse Zeit miteinander kommunizieren, beginnen sie, ihre Beziehungen zu strukturieren. Aus dem Nebeneinander wird ein gegliedertes Zueinander: Es entsteht eine Struktur.

• Wenn man z.B. Schüler auf einem Pausenplatz beobachtet, werden Gruppenstrukturen rasch sichtbar:

− Zwei Mädchen werfen sich einen Ball zu.

− Knaben und Mädchen bilden einen Kreis; einer steht in der Mitte.

− Zwei Mannschaften spielen Völkerball.

− Vier Knaben scheinen heftig zu diskutieren. Einer von ihnen spricht besonders häufig. Der Anführer?

Was hier von außen erkennbar wird, ist nur ein Teil der Gruppenstruktur: Es ist klar, wer mit wem kommuniziert. Schwieriger zu entdecken sind andere Strukturelemente, z.B.:

Ziele: Was wollen die Gruppenmitglieder, warum kommen sie zusammen?

Normen: Gibt es bestimmte „Spielregeln" für das Verhalten in der Gruppe?

Rollen: Welche Stellung haben die einzelnen in der Gruppe, und was wird von ihnen erwartet?

Themen: Welche Phantasien und Motive beeinflussen die Beziehungen der Gruppenmitglieder?

Diese Elemente bilden zusammen eine Struktur. Sie geben jeder Gruppe ihr charakteristisches Gepräge. Will man Gruppen verstehen und beschreiben, muß man sich mit ihren Strukturen auseinandersetzen.

Wenn Menschen über längere Zeiten miteinander kommunizieren, beginnen sie ihre Beziehungen zu strukturieren: Sie werden eine Gruppe. Kommunikation, Normen, Ziele, Rollen und Themen sind die wesentlichen Elemente der Gruppenstruktur.

2.2 Normen

Wir fanden die Jungs dämlich, die in der Klasse mit Papierkugeln rumschnippten oder mit Apfelresten warfen. Das waren dieselben, die in der Pause auf dem Hof Milch tranken und mit einem Fußball rumbolzten. Stark waren die Jungs, die in der Pause gleich in der Raucherecke verschwanden. Und Bier trinken können mußten sie. Ich weiß noch, wie beeindruckt ich war, als Kessi mir erzählte, der Milan habe unheimlich einen in der Krone gehabt.

Christiane F.: Wir Kinder vom Bahnhof Zoo

A) Vom richtigen Verhalten in Gruppen

Mitglieder von Gruppen halten bestimmte Spielregeln ein — oft sogar unbewußt.

In einer Schulklasse können z.B. folgende Regeln gelten:

- Sich am Unterricht beteiligen ist o.k.; wer aber „dauernd aufstreckt", gilt als „Streber".
- Mit einem Lehrer außerhalb des Unterrichts reden: das kann vorkommen. Wenn einer das „zu häufig" tut, dann will er vermutlich „Liebkind spielen".

Gruppen entwickeln also *Vorstellungen über richtiges oder angemessenes Verhalten ihrer Mitglieder*. Diese Vorstellungen bezeichnet man als Normen.

B) Entstehung und Funktion von Normen

Wenn Menschen längere Zeit miteinander kommunizieren, gleichen sie sich in vielen Ansichten und Verhaltensweisen allmählich an. Das Zusammensein in der Gruppe und die gemeinsamen Aktivitäten führen zu einer deutlichen Annäherung („Konvergenz") der Meinungen. Die Gruppenmitglieder identifizieren sich miteinander und entwickeln Gemeinsamkeiten, durch die sie sich von Außenstehenden unterscheiden. *Das wachsende „Wir-Bewußtsein" beruht weitgehend auf der Entwicklung gemeinsamer Normen: „Wir"* sind der Ansicht, daß . . . *Wir* sehen das so . . . *Wir* halten das für richtig . . ." Diese Tendenz zur Angleichung ist so verbreitet, daß die Mitglieder einer Gruppe häufig gar nicht mehr als Einzelmenschen angesprochen werden. Man fragt z.B.: „Wie denkt *ihr* darüber, was meint *ihr* dazu?" Dabei setzt man als selbstverständlich voraus, daß eine Gruppenmeinung besteht.

Gemeinsame Normen erleichtern auch die Kommunikation in der Gruppe und vermitteln ein Gefühl der Sicherheit. Wenn man die Normen kennt, weiß man, was möglich ist und was nicht. Wenn klar ist, daß auch die anderen Gruppenmitglieder die Normen kennen und beachten, fühlt man sich sicher. Alle sind orientiert, das Verhalten der Beteiligten ist vorhersehbar, es wird wenig Konfliktstoff geben.

- In einer Arbeitsgruppe besteht vielleicht eine „stillschweigende Vereinbarung" darüber, welche Gesprächsthemen an einem Montagmorgen „drinliegen": Ein sportliches Ereignis des Wochenendes, ein Match, eine Fernsehsendung. Allzu „persönliche Dinge" werden aber nicht erzählt. Man macht es selber nicht, und man wird auch von den anderen nicht damit „belästigt".

Dieses Beispiel macht deutlich, daß auch unausgesprochene, vielleicht sogar unbewußte Normen das Verhalten von Gruppenmitgliedern beeinflussen können. Die sogenannten „Selbstverständlichkeiten"[1] gehören zu den wirksamsten Gruppennormen. Sie werden häufig nur von Außenstehenden überhaupt wahrgenommen.

C) Die Sicherung des Normensystems

Wenn jemand gegen Normen verstößt, muß er mit *korrigierenden Reaktionen der Gruppe* rechnen. Diese Reaktionen bezeichnet man als *negative Sanktionen.*
Fast jedem Schüler sind z.B. folgende Situationen vertraut:

– Einer „weiß zuviel" im Unterricht. In der Pause spricht die Klasse über Strebertum. Irgend jemand läßt auch das Wort „Klugscheißer" fallen.
– Ein Lehrer hat auf die Klagen der Klasse über „viel zuviele" Aufgaben nicht reagiert. In den folgenden Lektionen nimmt die mündliche Beteiligung der Schüler immer mehr ab. Schließlich redet der Lehrer ganz allein.

Die Beispiele zeigen auch, daß *der einzelne die Normen häufig erst dann kennenlernt, wenn er sie übertreten hat* und die Reaktionen der Gruppe zu spüren bekommt.
Es gibt *viele Sanktionen*, und häufig sind sie *fein abgestuft*:

- grinsen
- Achselzucken
- Bemerkungen, Sprüche
- direkte Mißbilligung: . . . „damit kannst du aufhören" . . .
- Kontaktverminderung
- Ausschluß aus der Gruppe („schneiden")
- bei Übertretung gesetzlicher Normen: verurteilen, büßen, einsperren

---

1 vgl. Hofstätter (1963).

Das Einhalten der Normen wird aber auch durch *postive Sanktionen* gesichert: Wer die Normen respektiert, gehört dazu, er ist „in Ordnung", er wird beachtet und anerkannt. Bestimmte Gruppen halten auch Auszeichnungen, Ehrungen, Belohnungen und Aufstiegsmöglichkeiten bereit.

D) Die Änderung von Normen

Zu einer Änderung bestehender Normen kommt es im allgemeinen dann, wenn sie kaum mehr beachtet werden oder wenn sie den Bedürfnissen vieler Gruppenmitglieder nicht mehr entsprechen. Den Anstoß zu einer Änderung gibt manchmal ein Ereignis, das eine neue Situation schafft:

- In einem Lokal spielt eine unbekannte Gruppe eine ganz neue Musik.
- Einzelne oder kleine „Außenseitergruppen" beginnen damit, sich anders zu frisieren und andere Kleider zu tragen.

Das Neue wird zunächst von den meisten abgelehnt. Oft kommt Empörung auf. Die Erzieher sollen einschreiten, vielleicht sogar das Gesetz, die Polizei. Es gibt aber auch viele, denen das Neue spontan gefällt, obwohl sie es noch nicht wagen, das laut zu sagen. Sie treffen aber mit der Zeit auf andere, die ähnlich empfinden. *Neue Normen wirken dann sogar gruppenbildend:* **Uns** gefällt diese Musik! **Wir** finden diese Kleider gut! Alte und neue Normen mögen dann lange nebeneinander bestehen. Vielleicht müssen auch Gesetze geändert werden (z.B. das „Konkubinatsverbot"). Nach einiger Zeit sind die neuen Normen zu dem geworden, was „üblich" und „selbstverständlich" ist. Ein *„sozialer Wandel"* hat stattgefunden.

Normen sind Vorstellungen über „richtiges Verhalten". Sie entstehen durch eine Angleichung der Meinungen in der Gruppe und werden durch Sanktionen gesichert. Normen erleichtern die Kommunikation und stärken das Gefühl der Zusammengehörigkeit. Sie schränken aber auch die Freiheit des Individuums ein.

2.3 Rollen

Endlich hat er eine Rolle. Endlich weiß er, wer er ist.

Sheldon B. Kopp

Ich kann gar nichts machen; die grinsen doch schon,
bevor ich etwas gesagt habe.

Klassenclown, 18jährig

2.3.1 Position und Rolle

Rollen sind − ähnlich wie Normen − *Erwartungen der Gruppe an das Verhalten des einzelnen.* Während Normen für alle Gruppenmitglieder gültig sind, richten sich *Rollenvorschriften nur an die Inhaber einer bestimmten Position.*

Der Begriff Position wird auch in der Alltagssprache verwendet, besonders in bezug auf berufliche Stellungen; „Er hat seine Position verbessert . . .“; „eine gute Position . . .“ etc. Viele Positionen sind begrifflich klar gekennzeichnet und offensichtlich aufeinander bezogen:

Lehrer − Schüler
Käufer − Verkäufer
Arzt   − Patient

Positionen beinhalten häufig Rangunterschiede. Wichtiger ist aber, daß sie mit unterschiedlichen Erwartungen an das Verhalten verbunden sind:

Untergebene grüßen Vorgesetzte zuerst
Lehrer sollen ein Vorbild sein
Kinder sollen ihren Eltern gehorchen

Solche Erwartungen der Bezugspersonen bezeichnet man als Rolle.

30

Mitglieder von Gruppen sind unterschiedlichen Erwartungen ausgesetzt, je nachdem welche Stellung oder Position sie innehaben.
Die Gesamtheit dieser Erwartungen bezeichnet man als Rolle.

2.3.2 Muß-, Soll- und Kann-Erwartungen

Es gibt Dinge, die ein Rollenträger tun *muß*, sonst verliert er seine Position. Andere Dinge *soll* er tun, sie gehören zu seinen Pflichten. Und gewisse Dinge *kann* er tun, die Gruppe reagiert neutral oder sogar erfreut.

Ein Schüler z.B.

- muß den Unterricht besuchen
- muß genügende Leistungen erbringen
- soll die Hausaufgaben sorgfältig machen
- soll sich am mündlichen Unterricht beteiligen
- kann auf einem Gebiet besonderes Interesse zeigen
- kann Freifächer belegen, sich für den Filmclub einsetzen etc.

Die Wirklichkeit ist allerdings verwirrender. Nicht immer sind Rollenvorschriften klar geordnet und — wie in einem Pflichtenheft — schriftlich festgehalten. Dazu kommt, daß *das konkrete Rollenverhalten des einzelnen von den Erwartungen abweichen kann.* Auch Muß-Vorschriften werden nicht immer eingehalten.

- Nicht alle Autofahrer halten am Fußgängerstreifen; auch deutliche Handzeichen werden übersehen.
- Mancher „vergißt" beim Ausfüllen der Steuererklärung den Nebenverdienst.
- Viele Lehrer wissen nicht einmal, daß eine seriöse Unterrichtsvorbereitung zu den Muß-Vorschriften gehört. Es kann vorkommen, daß die Schüler zu spüren bekommen: „Für Euch lohnt sich der Aufwand schon gar nicht . . ."

Rollenvorschriften sind nicht alle im selben Maße verpflichtend. Man unterscheidet Muß-, Soll- und Kann-Erwartungen.

2.3.3 Gruppeneigene Rollen

Viele Rollen sind gesellschaftlich vorgegeben. Das gilt sowohl für *selbstgewählte* Rollen (z.B. Berufsrollen) als auch für *„Zwangsrollen"* (Alter, Geschlecht, Hautfarbe etc.). Trotzdem besteht für den Rollenträger ein *Verhaltensspielraum*: er gestaltet seine Rollen selber mit. Bei den gruppeneigenen oder „gruppeninternen" Rollen ist dieser Verhaltensspielraum in der Regel groß.

- Wer ergreift bei Gruppenaktivitäten meistens die Initiative?
- Wer ist eher ein „stiller Teilhaber"?
- Wer „hat das Sagen", auf wen hört man?
- Wer macht gewöhnlich Opposition?

Solche Rollen sind nicht gesellschaftlich vorgegeben. Die Gruppenmitglieder entwickeln sie selber durch ihre Kommunikation. Die Persönlichkeit der Beteiligten spielt entscheidend mit: Wer tendiert eher zum Schweigen, wer zum Vielreden? Wer ist eher passiv? Wer bringt andere gern zum Lachen? Derartige Verhaltensweisen mögen zunächst „persönlichkeitstypisch" sein. Je länger aber eine Gruppe besteht, desto deutlicher werden sie zu Verhaltenserwartungen (Rollen):

- Bei Entscheidungen wird M. gar nicht gefragt. Alle haben sich daran gewöhnt, daß sie „keine Meinung" hat.
- Die ganze Gruppe wartet, bis W. die Initiative ergreift. Er ist doch zuständig für „diese Sachen".

Die Beziehungsstruktur von Gruppen stammt oft aus der ersten Zeit des Kennenlernens. Alle Beteiligten haben einen Platz in der Gruppe gesucht. Es hat viel Kommunikation gegeben. Allmählich sind die Positionen bezogen worden und entsprechende Erwartungen (Rollen) haben sich entwickelt. Wenn nun die Gruppe zusammenbleibt, *besteht die Gefahr, daß diese Beziehungsstruktur erstarrt und nicht mehr den Bedürfnissen der einzelnen entspricht. Die Rollen werden dann als „Gruppenzwang" empfunden.* Man fühlt sich in der Gruppe unfrei und versucht, in anderen Beziehungen „sich selber" zu sein.

- Ich habe schon zweimal die verzweifelten Versuche eines Schülers miterlebt, aus der Rolle des „Spaßmachers" auszubrechen. Es ist beidemale nicht, bzw. nur durch einen Klassenwechsel gelungen. Beide Schüler haben den Rollenzwang fast wörtlich so formuliert: „Ich kann gar nichts machen; die grinsen doch schon, *bevor* ich etwas gesagt habe".

Hier wird deutlich, wie *Gruppenrollen zum Gefängnis für den einzelnen werden können.* Die persönliche Entwicklung hat längst weitergeführt, aber die Rolle ist unverändert geblieben. Viele Menschen erleben das, wenn sie als Erwachsene besuchsweise in ihre angestammte Familie zurückkehren. Ein Wochenende kann genügen, um die alten Rollen wiederaufleben zu lassen. Ähnliches wird von „Klassentreffen" berichtet. Die ehemaligen Schulkameraden haben zwar bei der Begrüßung die größte Mühe einander wiederzuerkennen. Dennoch werden die alten Rollen − für manchen peinlich − im Laufe des Abends immer lebendiger.

Gibt es überhaupt Gruppen ohne Rollenzwang? Ist es möglich, als Gruppenmitglied ganz „sich selbst" zu sein? Gibt es Gruppen, die das persönliche Wachstum und die Entwicklung des Individuums sogar fördern?

Eine fördernde und hilfreiche Gruppenatmosphäre ist kein Zustand, der einmal endgültig erreicht wird. Wichtig ist, daß sich die einzelnen und die Gruppe verändern und entwickeln können. Folgende Merkmale scheinen für „fördernde Gruppen" besonders charakteristisch zu sein[1]:

1. Die Gruppenregeln (Normen) erlauben Offenheit im Ausdruck von Gefühlen.
2. Die Gruppenerwartungen (Rollen) beinhalten einen großen Verhaltensspielraum. Der einzelne kann eine Rolle seiner Persönlichkeit entsprechend gestalten.

---

1 Rogers (1973), Satir (1975).

3. Die Gruppennormen erlauben das „Anderssein". Andersartigkeit wird akzeptiert.
4. Die Gruppenstruktur reagiert flexibel auf persönliche Entwicklungen von einzelnen. Sie erlaubt Veränderungen.
5. Die Gruppe pflegt einen lebendigen Austausch mit der Umwelt. Sie vermeidet die Gefahr, zu einem „geschlossenen System" zu werden.

Gruppen entwickeln im Laufe der Zeit eine Beziehungsstruktur. Die Teilnehmer bekommen „ihren Platz" und übernehmen die dazugehörenden Rollen. Gruppenstrukturen können erstarren und für den einzelnen zum Gefängnis werden.

2.3.4 Rollenkonflikte

Der einzelne ist gewöhnlich Mitglied verschiedener Gruppen. Dies gilt bereits für Kinder:

- Der zwölfjährige Peter z.B. ist für seine Eltern „unser Ältester" und für seine beiden jüngeren Schwestern der „große Bruder". Er gehört aber auch zu einer Gruppe von Knaben, die regelmäßig Fußball spielt und auch sonst die Freizeit zusammen verbringt.

Das sind bereits drei Rollen:

1. Ältestes Kind (Bezugsgruppe: Eltern)
2. Großer Bruder (Bezugsgruppe: Schwestern)
3. Kamerad (Bezugsgruppe: Kameraden)

*Ein Rollenkonflikt entsteht dann, wenn sich die
Erwartungen der Bezugsgruppen widersprechen.*

- Die Mutter erwartet z.B., daß ihr Kind nach der Schule sofort nach Hause kommt und die Aufgaben macht.
- Die jüngeren Schwestern erwarten auch, daß der Bruder nach Hause kommt. Sie möchten aber, daß er mit ihnen spielt.
- Für die Kameraden dagegen ist es selbstverständlich, daß man nach der Schule noch etwas miteinander unternimmt.

Solche Situationen sind häufig. Der Konflikt entsteht dadurch, daß dieselbe Person widersprüchliche Rollen spielen muß (Sohn − Bruder − Kamerad). Es handelt sich um einen *Konflikt „zwischen" den verschiedenen Rollen, einen „Inter-Rollenkonflikt".*
Doch *schon innerhalb einer einzigen Rolle kann man widersprüchlichen Erwartungen ausgesetzt sein.* Besonders deutlich wird das z.B. bei der Rolle des Lehrers:

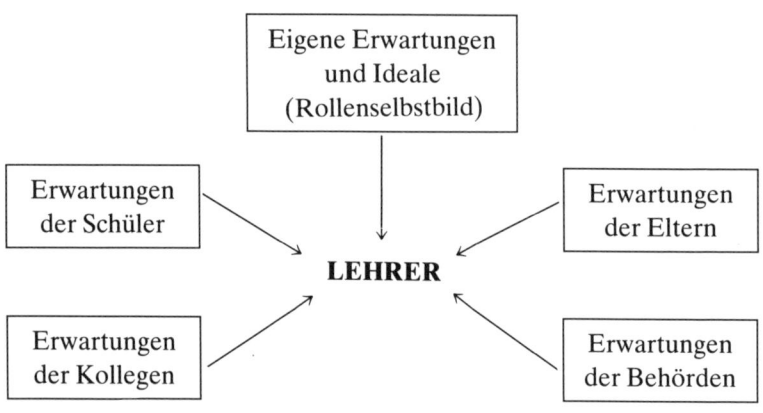

Die Gesamtheit dieser Erwartungen macht die Lehrerrolle aus. Daß sich die Erwartungen zum Teil widersprechen müssen, liegt auf der Hand. Der Konflikt ist also gleichsam in die Rolle „eingebaut": Es ist ein *„Intra-Rollenkonflikt".*

Wie reagieren Menschen auf Rollenkonflikte? Es scheint, daß einige typische Reaktionsformen verbreitet sind, die den Rollenträger erheblich belasten können[1].

A) Der Betroffene paßt sich den Erwartungen jener Bezugsgruppe an, die über die schwerwiegendsten Sanktionen verfügt

Folge: Angst und Schuldgefühle
Auf die bereits erwähnten Beispiele bezogen:

- Peter kommt nach der Schule nicht nach Hause, weil es das Schlimmste für ihn wäre, nicht mehr zur Clique der Kameraden zu gehören.
- Der Lehrer verbietet seiner Klasse die Schneeballschlacht auf dem Pausenplatz, weil er es nicht riskieren kann, sich mit seinen Kollegen und dem Abwart anzulegen.

B) Der Betroffene versucht, sein tatsächliches Verhalten gegenüber einer Kontrolle abzuschirmen

Folge: „Doppelleben"; Furcht vor Entdeckung

- Peter erzählt daheim von seinen Aktivitäten mit den Kameraden wenig. Wenn er spät nach Hause kommt, erklärt er vielleicht, daß die Klasse in der Schule „eine Stunde nachgeholt" habe.
- Der Lehrer pflegt einen Unterrichtsstil, der ihm selber und den Schülern entspricht. Er schielt aber gleichsam ängstlich zur Türe: Wenn ein Schulbesuch kommt, muß er sofort umstellen. Werden die Schüler das mitmachen?

C) Der Betroffene erlebt den Konflikt als persönliches Ungenügen

Er übersieht, daß die widersprüchlichen Erwartungen gar nicht alle erfüllt werden *können*. Folge: Müdigkeit, Minderwertigkeitsgefühle

---

1 vgl. Dahrendorf (1977), S. 76ff.

- Den Eltern fällt auf, daß Peter in letzter Zeit oft bedrückt ist. Sie wissen eigentlich nicht warum und er selber offenbar auch nicht.
- Der Lehrer fühlt sich erschöpft und „total überfordert". Immer mehr gelangt er zur Überzeugung, für diesen Beruf „nicht geeignet" zu sein. Er sucht nach einer Möglichkeit auszusteigen.

D) Der Betroffene entscheidet sich bewußt für die einen und gegen die anderen Erwartungen.

Folge: Sanktionen, eventuell auch Änderung der Erwartungen.

- Wenn Peter die Situation nicht mehr erträgt, riskiert er vielleicht den Ausschluß aus der Clique und „kehrt in die Familie zurück". Es mag sein, daß er nun von den Kameraden geächtet wird. Möglicherweise akzeptieren sie ihn aber trotzdem, weil sie sehen, daß seine Eltern „so streng" sind.
- Der Lehrer vertritt offen seinen (unkonventionellen) Unterrichtsstil. Die kritischen Bemerkungen der Kollegen und das Mißtrauen der Behörden nimmt er in Kauf. Entweder kommt es jetzt zu Sanktionen (Ermahnungen, Verweis, Absetzung), oder die Bezugsgruppen ändern ihre Erwartungen: sie tolerieren die neue Unterrichtsform.

Rollenkonflikte entstehen durch widersprüchliche Erwartungen der Bezugsgruppen an eine Person. Sie belasten den Rollenträger besonders dann, wenn die Beteiligten die Widersprüche nicht bewußt erleben oder nicht bereit sind, darüber zu sprechen.

2.3.5 Die Rolle des Außenseiters

A) Die Gruppe und ihr Außenseiter

Von einem Außenseiter spricht man nur, wenn man sich auf eine Gruppe bezieht. Es gibt Außenseiter in der Familie, in der Schulklasse, bei den Arbeitskollegen etc. Der Außenseiter ist also nicht einer, der überhaupt nichts mit der Gruppe zu tun hat. *Der Außenseiter „gehört" zur Gruppe, er ist ein Teil ihrer Struktur.* Er ist „draußen", wo andere offenbar „drinnen" sind.

Eine *Gruppe mit Außenseiter* hat grundsätzlich folgende Struktur:

Gesamtgruppe

„WIR"   „DER"-da

B) Rolle und Funktion des Außenseiters

Genau wie der Anführer, der Mitläufer, der Spaßmacher u.s.w., hat auch der Außenseiter seine *Rolle in der Gruppe*:

Vom Anführer erwartet man, daß er die Initiative ergreift;

vom Mitläufer, daß er mitmacht;

vom Spaßmacher, daß er zur rechten Zeit den passenden Spruch liefert;

vom Außenseiter, daß er wieder einmal daneben ist.

Der Außenseiter ist derjenige, der den Gruppennormen nicht entspricht. Er ist *daneben*: das ist genau das, was man von ihm erwartet. Das ist seine Rolle in der Gruppe.[1]

Jede Rolle ist zunächst einmal *funktional*, das heißt, sie erfüllt - bezogen auf die Gesamtgruppe - irgendeine Aufgabe. Man kann also durchaus fragen: Was tut der Außenseiter für seine Gruppe?

1. Die aggressive Abgrenzung gegenüber dem Außenseiter kann den Gruppenzusammenhalt stärken: Man ist sich einig in der Ablehnung des anderen. Die Mitglieder der WIR-Gruppe kommen sich näher, indem sie sich gegenüber DEM-da abgrenzen.

2. Der Außenseiter dient der Identitätsfindung der Mitglieder der WIR-Gruppe. Durch die (aggressive) Abgrenzung gegenüber DEM-da wird überhaupt erst richtig klar, *wer* WIR und *wie* WIR sind.

3. Die Produktion von Außenseitern befriedigt die Machtgelüste der führenden Clique in der Gruppe: *Wir* bestimmen, was "richtig" ist in dieser Gruppe, und *wir* bestimmen, wer dazu gehört und wer nicht.

4. Gruppeninterne Spannungen und Aggressionen können gegen die Außenseiter gerichtet werden. WIR kommen ja ganz gut miteinander aus - bloß DER-da macht immer Probleme...

5. Und last but not least: Der Außenseiter dient der Unterhaltung; er ermöglicht problemlose Kommunikation innerhalb der WIR-Gruppe: Er liefert den Gesprächsstoff, über den man sich einig ist.

Ausdruck der aggressiven Abgrenzung gegenüber dem Außenseiter ist unter anderem das *Auslachen*. Mit dem gemeinsamen Auslachen des Andersartigen demonstrieren die Mitglieder der WIR-Gruppe ihre Zugehörigkeit. Jedem ist aber (halb-)bewußt,

---

1 vgl. Artho/Gubler/Marmet/Werthmüller: Du mußt draußen bleiben. SI TZT-Verlag Meilen 1993.

daß er auch einmal in die Rolle des Außenseiters geraten könnte. Daher macht das Auslachen auch *Angst*. Und gerade diese Angst veranlaßt den einzelnen, sich dem Chor der Auslacher anzuschließen. Denn, wer sich am kollektiven Lachen oder Spotten nicht beteiligen will, läuft Gefahr, selber zum Außenseiter zu werden.[2]

C) Wer wird zum Außenseiter

Wer als „Neuling" in eine bestehende Gruppe eintreten möchte, befindet sich zunächst in einer Außenseiterposition. Die meisten Menschen kennen diese Situation.

> Wie soll ich mich verhalten? Was kann ich sagen – und was nicht? Welche Regeln gelten hier? Was muß ich tun, um irgendwie „akzeptiert" zu werden?

Auch wenn man sich solche Fragen nicht ausdrücklich stellt, steht man vor diesen Problemen. Man ist „draußen" und kennt die Spielregeln nicht.

> *Außenseiter ist derjenige, der den Normen nicht entspricht.*

Der Neuling lernt die Normen mit der Zeit kennen – besonders dann, wenn er sie übertritt und die Sanktionen der Gruppe zu spüren bekommt (vgl. Kap. 22). Er wird daraus lernen und sich allmählich einen Platz in der Gruppe „erobern". Das schließt auch ein, daß sich die Gruppe mit dem Neuling auseinandersetzt und flexibel genug ist, um sich ebenfalls ein Stück weit anzupassen.

Zu einem dauernden Außenseitertum kommt es vor allem dann, wenn der einzelne den Anforderungen der Gruppe *gar nicht entsprechen kann*. Unzählige Kinderbücher und Schülergeschichten befassen sich mit diesem Thema. Das abgelehnte Kind, das zu klein, zu

---

2 vgl. Goffman (1967)

groß, zu dick oder zu dünn ist, um akzeptiert zu werden. Irgendein Merkmal kann jemanden zum Andersartigen machen: Nationalität, Sprache, Haarfarbe, Kleidung, Beruf des Vaters etc. Untersuchungen in Schulklassen haben gezeigt, daß abgelehnte Kinder in der Regel verzweifelt versuchen, den Normen der Gruppe zu genügen und sich anzupassen. Dies führt so weit, daß sie sich von ihresgleichen, d.h. von anderen Außenseitern distanzieren und versuchen, sich den „Stars" der Gruppe anzuschließen[1]. Diese Untersuchungen haben auch deutlich gemacht, daß Kinder, die aus einer *armen Familie* stammen, die *schlechte Schulleistungen* erbringen oder einer *religiösen Minderheit* angehören, die größten „Chancen" haben zu Außenseitern zu werden[2].

D) Die positive Auseinandersetzung mit dem Außenseiter

Wenn sich eine Gruppe mit ihrem Außenseiter offen und tolerant auseinandersetzt, so kann sie einiges für sich gewinnen:

- Auseinandersetzung bringt Diskussion und damit *mehr Kontakt* zwischen den Gruppenmitgliedern. Ist man sich dagegen allzu einig, so erübrigt sich das Gespräch und die Intensität des Kontaktes nimmt ab.
- Gruppen, die lange bestehen, verlieren manchmal den nötigen Kontakt zur „Außenwelt". Man ist unter sich, man hat ähnliche Neigungen, Ansichten und Überzeugungen. Man lebt in einer *Eigenwelt*. Die Auseinandersetzung mit dem Außenseiter kann für eine solche Gruppe ein Stück *Realitätsanpassung* bedeuten.
- Durch die Auseinandersetzung mit dem Außenseiter kann die Gruppe sich ihrer Normen, Werte und Ziele erst recht bewußt werden. Sie muß ihre Grundansichten überdenken, formulieren und vielleicht sogar verteidigen. *Dadurch gewinnt sie an Lebendigkeit und Stärke.*

---

1 E. Höhn und M. Koch in Bracken (1968), S. 94ff.
2 a.a.O., S. 98ff.

Ein Außenseiter ist Teil der Gruppenstruktur. Er ist derjenige, der den Normen nicht entspricht. Die tolerante Auseinandersetzung mit dem Außenseiter kann Lebendigkeit, Kontaktfähigkeit und Realitätsanpassung der Gruppe fördern. Die aggressive Abgrenzung gegenüber dem Außenseiter erzeugt Angst.

2.4 Ziele

Eine Gruppe hat ihren Ursprung dort, wo sich zwei oder mehr Individuen um eine gemeinsame „Mitte" scharen.

Raymond Battegay

Gemeinsame Ziele bilden so etwas wie eine *„Mitte"*, ein *„Zentrum der Gruppe"*. Die Ausrichtung auf ein Ziel bringt die Gruppenmitglieder einander näher und erleichtert die Kommunikation. Energien und Aktivitäten werden auf das Ziel gerichtet, individuelle Bedürfnisse können eher zurückgestellt werden.

- Eine Pfadfindergruppe plant und organisiert ein Sommerlager.
- Ein Ehepaar möchte ein Haus bauen.
- Eine Schulklasse will ein Theaterstück aufführen.
- Mütter in einem Wohnquartier setzen sich für die Errichtung eines Kinderspielplatzes ein.

Solche *Ziele entstehen* − ähnlich wie Normen − *durch eine Annäherung (Konvergenz) der Vorstellungen* der Gruppenmitglieder. Schon dieser Vorgang setzt viel Kommunikation voraus. Ist dann das gemeinsame Ziel klar und wird es akzeptiert, so bringt die ganze Planungsarbeit wiederum viel Kontakt und Gespräch. Die gemeinsame Motivation wirkt integrierend. Sie kann Energien wecken und verhärtete Gruppenstrukturen in Bewegung bringen. Neue Beziehungen entstehen und lassen alte Spannungen als unwichtig erscheinen. Die Gruppenmitglieder haben einen „gemeinsamen Nenner" gefunden. Sie identifizieren sich miteinander und mit ihrem Ziel.

Genau *der umgekehrte Prozeß setzt ein, wenn Gruppen* − aus welchen Gründen auch immer − *kein gemeinsames Ziel mehr haben:*

- Das „Zentrum" fehlt.
- Man spricht weniger miteinander.
- Man unternimmt weniger zusammen.
- Die Kontakte außerhalb der Gruppe werden wichtiger.
- Die Energie für Gruppenaktivitäten beginnt zu fehlen.
- Man hat keine Zeit mehr.
- Man entdeckt, daß man „eigentlich gar nicht so viel gemeinsam hat".
- Alte Spannungen leben wieder auf.
- Die Gruppe zerfällt − vielleicht ganz unbemerkt.

Ziele bilden ein gemeinsames Bezugsobjekt für die Gruppenmitglieder. Sie erleichtern die Kommunikation und stärken das Zusammengehörigkeitsgefühl. Wenn die Zielorientierung abnimmt, zerfallen die Identifikationen und die Gruppe löst sich auf.

2.5 Führung

Der gute Schäfer denkt wie seine Schafe und kann seine Herde nur führen, wenn er ihr nicht mehr als ein kleines Stück weit vorausgeht. Er muß zwar als jemand aus der Herde erkennbar bleiben, zweifellos größer, lauter, rauher, und er hat vor allem hartnäckigere Wünsche und Ausdrucksmöglichkeiten als das gewöhnliche Schaf, ist aber ihrem Empfinden nach im wesentlichen von derselben Art wie sie.

W. Trotter

2.5.1 Führung als Rollenfunktion

In manchen Gruppen ist eine Führungsstruktur vorgegeben, gleichsam „von außen" festgelegt, so z.B. am Arbeitsplatz. Allen Gruppenmitgliedern ist klar, wer der Chef (Vorarbeiter, Lehrer, Leiter) ist, und welche Rolle er ungefähr zu spielen hat. Für den einzelnen stellt sich nur noch die Frage, wie diese Führung ausgeübt wird, und wie man mit der betreffenden Person zurecht kommt.

Führung hat im wesentlichen zwei Funktionen:

- Hilfe bei der Verwirklichung von Zielen
  (Aufgabenorientierte Führung)
- Förderung des Gruppenzusammenhaltes
  (Sozial-emotionale Führung)

Diese Führungsfunktionen können von einer einzigen oder von mehreren Personen ausgeübt werden. Verschiedene Gruppenmitglieder können sie auch abwechselnd übernehmen.

A) Aufgabenorientierte Führung

Diese Rollenfunktion ist durch folgende Aktivitäten gekennzeichnet:

- Initiative ergreifen
- Ideen entwickeln, Pläne und Ziele formulieren
- Probleme formulieren, Lösungen vorschlagen
- Nach Lösungen, Ideen und Vorschlägen suchen
- Meinungen erkunden
- Informationen suchen und bereitstellen
- Aktivitäten koordinieren
- Die Gruppe nach außen vertreten

B) Sozial-emotionale Führung

Diese Rollenfunktion umfaßt Verhaltensweisen, die der Förderung des Gruppenzusammenhaltes dienen:

- Ermutigung und Bestätigung von Gruppenmitgliedern
- Freundlichkeit, Wärme und Kontaktbereitschaft
- Anhören und Annehmen von Beiträgen
- Sensibilität für Gefühle und Gruppenprozesse: spüren was in den Gruppenmitgliedern vorgeht
- Spannungen abbauen und vermitteln
- Verschiedene Standpunkte akzeptieren und befriedigende Lösungen suchen.

Es ist klar, daß diese Rollenfunktionen grundsätzlich von allen Gruppenmitgliedern wahrgenommen werden können. Es spricht für die Lebendigkeit und Flexibilität einer Gruppe, wenn solche Rollenwechsel auch tatsächlich stattfinden.

Führung als Rollenfunktion kann sich aus der Gruppe selbst entwickeln. Sie dient der Verwirklichung von Zielen und der Förderung des Gruppenzusammenhaltes. Führungsfunktionen können von verschiedenen Gruppenmitgliedern abwechselnd übernommen werden.

2.5.2 Persönlichkeit und Führungsrolle

Welche Gruppenmitglieder tendieren dazu, Führungsrollen zu übernehmen? Gibt es Persönlichkeiten, die über eine spezielle Führungs-
begabung verfügen?
Mit diesen Fragen hat sich die sozialpsychologische Forschung eingehend befaßt[1]. *Zwei Motive* scheinen für unzählige Untersuchungen
maßgebend gewesen zu sein:

1. Man wollte wissen, wie es dazu kommen kann, daß sich ein einzelner zum Führer einer Gruppe, einer „Massenbewegung", ja einer
   ganzen Nation aufschwingen kann.
2. Man wollte Führungskräfte auslesen und auf ihre Eignung untersu-
   chen können.

Die Resultate dieser Forschungsarbeiten bestätigen im wesentlichen
das, was schon Freud über die Beziehung zwischen Führerpersönlich-
keit und Geführten gesagt hat[2]:

- *Die Gruppenmitglieder müssen sich mit dem Führer/Leiter identifizieren können.*
  „Er ist so wie wir"! „Er ist einer von uns"! Politische Führer aller Schattierungen versuchen deshalb, sich „volksnah" zu geben. Wer nicht „dazugehört", hat keine Chance gewählt zu
  werden.

- *Die Gruppenmitglieder müssen im Führer/Leiter ihr Ideal ver-
  körpert sehen.*
  „Er ist (kann) mehr als wir"! „Er ist größer, stärker, besser, klü-
  ger, mutiger . . . als wir"! Hier wird deutlich, wie sehr es von
  den Normen, Werten und Zielen einer Gruppe abhängt, wer
  überhaupt die Führungsrolle übernehmen kann.

Darüber hinaus haben neuere Forschungsarbeiten gezeigt, daß Personen, die eine Führungsrolle übernehmen, in der Regel *besonders*

---

1 vgl. Hofstätter (1968), Sbandi (1973), Battegay (1973).
2 Massenpsychologie und Ich-Analyse (1921).

*aktiv sind und besonders viel Kontakt zu den Gruppenmitgliedern ha-
ben.* Weitere „Eigenschaften" oder „Charaktermerkmale" von Füh-
rerpersönlichkeiten sind nicht gefunden worden. Vielmehr ist deutlich geworden, daß Führung und Gruppe sich in hohem Maße gegenseitig bedingen. Jede Gruppe scheint die Führung zu haben, die sie
verdient . . .

ETIENNE

Zwischen Führung und Gruppe besteht eine Wechselbeziehung.
Der Träger der Führungsrolle muß den Normen der Gruppe entsprechen. Die Geführten müssen sich mit ihm identifizieren können. Führungsfunktionen übernehmen am ehesten Personen, die
besonders aktiv sind und eine hohe Kontaktbereitschaft auf-
weisen.

2.5.3 Die Quellen der Macht

Solange in einer Gruppe die Führungsfunktion

- zeitlich begrenzt ist
- je nach Situation wechselt
- oder sich auf verschiedene Personen verteilt,

besteht wenig Machtgefälle zwischen Führer und Gruppe. Anders ist es, wenn eine einzige Person die Führungsfunktion dauernd ausübt. *Es stellt sich dann die Frage, wie ein einzelner imstande ist, soviel Einfluß zu erlangen und sich gegenüber einer ganzen Gruppe durchzusetzen.* Die Führungsforschung hat gezeigt, daß es verschiedene „Quellen der Macht"[1] gibt:

1. Die Macht zu belohnen
2. Die Macht zu bestrafen und Zwang auszuüben
3. Die Macht durch Beliebtheit
4. Die Macht durch Expertentum (Wissen/Können)
5. Die Macht durch Legitimation (gesetzliche Rechtmäßigkeit)

Auf welche Quellen der Macht stützt sich ein Gruppenführer (Chef, Lehrer, Leiter etc.), wenn er seine Funktion ausübt? Grundsätzlich ist es möglich, dies in einem Profil darzustellen. Die folgenden Beispiele zeigen zwei typische „Machtprofile":

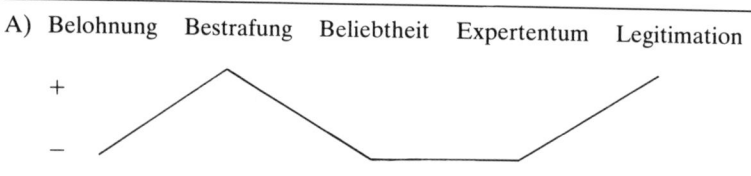

A) Belohnung   Bestrafung   Beliebtheit   Expertentum   Legitimation

Machtprofil eines unbeliebten und inkompetenten Gruppenführers, der sich weitgehend auf seine Amtsautorität (Legitimation) und auf den Einsatz von Strafen stützt.

---

1 French/Raven (1960).

B) Belohnung Bestrafung Beliebtheit Expertentum Legitimation

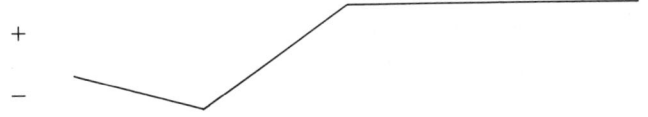

Machtprofil eines beliebten und fachlich kompetenten Leiters, der kaum
Strafen einsetzt. Amtsautorität besitzt er auch, aber er wird wenig Anlaß
haben, sich zu betonen.

*Im Interesse der Selbständigkeit und der Persönlichkeitsentwicklung
der Gruppenmitglieder ist es günstig, wenn das Machtgefälle zwischen
Führer und Geführten gering und zeitlich begrenzt ist. Bei einer allzu
dominanten Führung besteht die Gefahr, daß die Bereitschaft und auch
die Fähigkeit der einzelnen, selber Verantwortung zu übernehmen,
verloren geht. Die Gruppe zerfällt dann und wird zu einer kleinen
„Masse mit Führer".*

Quellen der Macht sind: Beliebtheit, Expertentum, Legitimation
sowie die Möglichkeit zu belohnen und zu bestrafen. Ein großes
Machtgefälle zwischen Führer und Geführten verhindert die Entwicklung von Eigenverantwortung und führt langfristig zu einer
Massenbildung.

2.5.4 Dimensionen des Führungsverhaltens

Großes Interesse besteht seit langem an der Frage nach der Art und Weise, **wie** Führungsverhalten ausgeübt wird. Gibt es günstige, bzw. ungünstige Formen des Führungsverhaltens? Lassen sich zuverlässige Aussagen über die Auswirkungen verschiedener *Führungsstile* machen?

Eine frühe amerikanische Studie[1] hat eine Typologie des Führungsverhaltens geschaffen, die seit ihrem Erscheinen heftig diskutiert wird und unzählige weitere Forschungsarbeiten angeregt hat.

- Drei Erzieher hatten den Auftrag, je eine Gruppe von zehnjährigen Schülern ca. sechs Wochen lang in einer bestimmten Art zu führen. Die Auswirkungen auf das Verhalten der Schüler wurden beobachtet. Nach Ablauf der sechs Wochen wurde der Erzieher gewechselt, und die Gruppe erlebte einen neuen Führungsstil. Veränderungen im Verhalten der Schüler wurden registriert.

Fast jeder kennt heute die drei Führungsstile, die in diesem Experiment untersucht worden sind.

a) Autoritäre (autokratische) Führung
   (Leiter trifft alle Entscheidungen;
   wenig Freiheit für die Gruppenmitglieder)

b) Demokratische Führung
   (Mittleres Maß an Lenkung; Diskussionen und Entscheidungen in der Gruppe.)

c) Laissez-faire Stil
   (Maximale Freiheit; praktisch keine Führung.)

Obwohl diese Typologie rasch populär wurde und heute allgemein zur Charakterisierung von Führungsverhalten verwendet wird, ist sie von der Wissenschaft praktisch aufgegeben worden. Die Gründe dafür sind vielfältig:

---

1   Lewin/Lipitt/White (1939).

52

1. Die Typologie ist zuwenig differenziert, Führungsverhalten läßt sich nicht in drei Kategorien einzwängen.
2. Wesentliche Dimensionen des Führungsverhaltens werden nicht erfaßt, so z.B. die persönliche Beziehung, der Gefühlskontakt zwischen Leiter und Gruppenmitgliedern.
3. Die Auswirkungen auf das Verhalten der Geführten sind umstritten. Offenbar sind andere Faktoren (vgl. 2.) oft wichtiger als die Führungsstile.
4. Ebenfalls umstritten ist die Frage, ob es einen allgemein günstigen Führungsstil überhaupt gibt. Man ist heute eher der Ansicht, daß sich das Führungsverhalten an den konkreten Gegebenheiten der Gruppe und an der besonderen Situation oder Aufgabe orientieren soll.

Zu einem neuen Ansatz haben systematische und langfristige Verhaltensbeobachtungen bei Erziehern geführt[1]. Es scheint, daß sich wesentliche Aspekte des Führungsverhaltens zwei Hauptdimensionen zuordnen lassen:

a) Die emotionale Dimension
Wieviel Wertschätzung, Freundlichkeit, emotionale Wärme und Zuwendung wird im Führungsverhalten zum Ausdruck gebracht? – Oder wieviel Geringschätzung und Kälte?

b) Die Lenkungsdimension
Wieviel lenkende und kontrollierende Aktivitäten beinhaltet das Führungsverhalten?

Diese beiden Dimensionen können gemeinsam in einem Koordinatensystem dargestellt werden. Damit ergeben sich vielfältige und differenzierte Möglichkeiten, Führungsverhalten zu beurteilen[2].

---

1 vgl. Neuberger (1972).
2 R. und A. Tausch (1971).

Die meisten Menschen sind spontan dazu imstande, ihren Chef (Leiter, Lehrer etc.) auf diesem Koordinatensystem einzuordnen. Schüler finden z.b. sehr rasch den „Punkt", der das Führungsverhalten ihrer Erzieher charakterisiert. Trotzdem wäre es nicht richtig, auf dieser Grundlage eine neue Typologie zu schaffen und Menschen in Führungsfunktionen damit zu klassifizieren. Etiketten (z.b. „autoritär") haben noch nie viel gebracht. Wichtig ist, daß ein Leiter Rückmeldungen darüber bekommt, wie sein Verhalten von der Gruppe wahrgenommen und beurteilt wird. Nur so kann er seine persönlichen Fähigkeiten weiterentwickeln (vgl. Kap. 5: „Soziales Lernen").

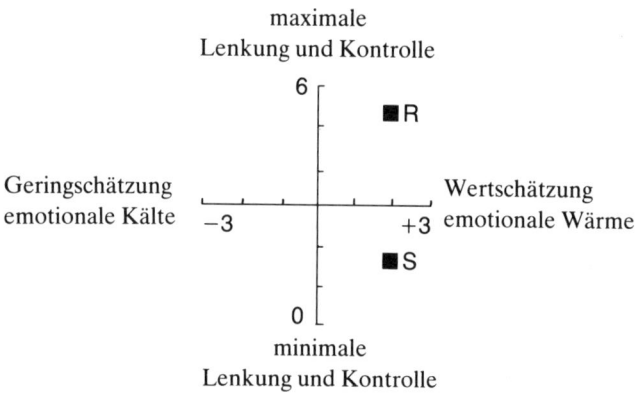

R und S sind Lehrer, die ihren Schülern ein hohes Maß an Zuwendung, Wärme und Wertschätzung entgegenbringen. Sie unterscheiden sich aber stark im Ausmaß ihrer lenkenden und kontrollierenden Aktivitäten. Die Schüler haben bei Lehrer S sehr viel mehr Entscheidungsfreiheit als bei R.

Führungsverhalten umfaßt eine emotionale und eine lenkende Dimension. Das Ausmaß an Zuwendung/Wertschätzung einerseits und an Lenkung/Kontrolle andererseits ist charakteristisch für ein bestimmtes Führungsverhalten.

2.6 Die Entwicklung von Gruppen

> *Mir erscheint die Gruppe wie ein Organismus, der seine eigene Richtung kennt, auch wenn er sie intellektuell nicht definieren kann.*
>
> *Carl Rogers*

Entwicklung ist Veränderung im Laufe der Zeit.

Die „Entwicklungspsychologie" befaßt sich mit den Gesetzmäßigkeiten dieser Veränderung beim Individuum.

Entwickeln sich aber auch Gruppen?

Gibt es so etwas wie „Phasen" oder „Stadien" der Entwicklung, die sich regelmäßig folgen? Mit diesen Fragen hat sich die sozialpsychologische Forschung eingehend befaßt. Entwicklungsgesetze sind gefunden und beschrieben worden.[1] Im folgenden soll ein einfaches Modell der Gruppenentwicklung dargestellt werden.[2] Es bezieht sich auf eine neu gebildete Gruppe, deren Mitglieder einander noch nicht kennen.

A) Orientierung

Im „Anfangsstadium" einer Gruppe versuchen sich die Teilnehmer zu orientieren. Jeder bringt seine früheren Gruppenerfahrungen mit. Diese Erfahrungen bilden den Hintergrund für das Erleben der gegenwärtigen Gruppe.
Die neue Situation schafft ein *Gefühl der Unsicherheit*. Für die Gruppenmitglieder stellen sich eine Reihe von Fragen, die zwar selten bewußt formuliert werden, die aber den einzelnen in erheblichem Maße beschäftigen können:

---

1 vgl. Bennis und Shepard (1956), Bion (1971), Mills (1969).
2 nach Vopel (1976), S. 83ff.

- Wer sind die anderen? Was weiß ich von ihnen? Kenne ich jemanden? Wer ist mir sympathisch?
- Was wissen die anderen von mir? Akzeptieren sie mich? Wem bin ich sympathisch?
- Welche Regeln (Normen) gelten in dieser Gruppe? Wie spricht man miteinander? Wie offen kann ich sein? Kann ich mich „so geben wie ich bin"?
- Wer hat Einfluß in dieser Gruppe? Gibt es einen „Anführer"? Kann ich selber die anderen beeinflussen? Hört man auf mich?
- Was wollen wir eigentlich? Haben wir irgendein Ziel, eine Aufgabe? Erwartet jemand etwas Bestimmtes?

In dieser Situation der offenen Fragen und der Unsicherheit tendieren die Gruppenmitglieder zu folgenden Verhaltensweisen:

- Sich zurückhalten und abwarten; beobachten, was die andern tun.
- Eigene Unsicherheit nicht zeigen.
- Freundlich sein und angenehme Seiten zeigen.
- Sich unbekümmert und draufgängerisch geben („Flucht nach vorn").
- Die anderen einzuordnen versuchen, sich ein Bild von ihnen machen: „ein Schwätzer", „ein Wichtigtuer", „ein sympathischer Typ" . . .
- Nach Verhaltensregeln und Anweisungen suchen.
- Abhängig sein von einem Leiter (Führer), der sagt, was getan werden soll.
- Nach Zustimmung und Unterstützung suchen; nach „Verbündeten" Ausschau halten.

Die offene Situation in einer neugebildeten Gruppe erzeugt Unsicherheit und Angst. Das Verhalten der Teilnehmer wird durch Bedürfnisse nach Orientierung und Sicherheit bestimmt.

B) Konfrontation

Nach der Überwindung der ersten Unsicherheit wird ein Teil der Zurückhaltung aufgegeben. Die Mitglieder äußern sich persönlicher; sie beginnen, ihr alltägliches Verhalten zu zeigen. Das Verhalten anderer wird nun auch kritisiert. Es kommt zum Ausdruck aggressiver Gefühle.

Die einzelnen suchen „ihren Platz" in der Gruppe. Gleichzeitig ringen sie – in der Regel völlig unbewußt – um die künftige Gruppenstruktur:

- Wer gehört „wirklich" dazu? (Mitgliedschaft)
- Was wird von jedem einzelnen erwartet? (Rollenverteilung)
- Wieviel Einfluß haben die Beteiligten? (Machtverteilung)
- Welche Regeln sollen gelten? (Normensetzung)

Die Auseinandersetzung um diese Fragen kann lange andauern. Die Gruppenmitglieder tendieren dabei zu folgenden Verhaltensweisen:

1. Kampf
Beim Versuch, eigene Meinungen und Vorschläge durchzusetzen, besteht wenig Bereitschaft, nachzugeben oder Kompromisse zu schließen. Man hört sich gegenseitig gar nicht richtig zu. Der andere wird als Gegner erlebt und – mehr oder weniger offen – persönlich angegriffen.

2. Flucht
Wenn die Auseinandersetzung unerträglich wird, ziehen sich einzelne Teilnehmer zurück. Der Rückzug kann verschiedene Formen annehmen:

- Die Gruppe wird physisch verlassen
  (Hinausgehen, Wegbleiben).
- Die Gruppe wird psychisch verlassen
  (Abschalten, Tagträumen, „innere Emigration").
- Die Schwierigkeiten werden geleugnet
  (Thema wechseln, Ablenken, Ausweichen in Witzeleien etc.).

3. Bildung von Untergruppen

Die Teilnehmer schließen sich mit „Gleichgesinnten" zusammmen, um im Kampf besser bestehen zu können. Es entstehen rivalisierende Untergruppen, die das Weiterbestehen der Gesamtgruppe in Frage stellen.[1]

Auseinandersetzungen um die Stellung des einzelnen in der Gruppe, um Macht und Normen bestimmen das Gruppengeschehen. Die Teilnehmer tendieren zu Kampf, Flucht und zur Bildung von Untergruppen.

1 Es gibt Gruppen, die nicht über das Stadium der Konfrontation hinausgelangen. Die zentralen Fragen der Gruppenstruktur werden nie entschieden. Der Machtkampf wird zum Dauerzustand – auch wenn er eher „unter der Oberfläche" stattfindet.

C) Harmonie

Wenn die Auseinandersetzung um die Gruppenstruktur zu Entscheidungen geführt hat, wenn Kompromisse geschlossen wurden, wenn die Bereitschaft sich zu verständigen größer war als das Bedürfnis zu siegen, kann eine neue Entwicklung eintreten:

- Teilnehmer fühlen sich akzeptiert und zugehörig. Sie beginnen, von „wir" und „uns" zu sprechen.
- Positive Gefühle füreinander werden ausgedrückt. Die Äußerungen sind persönlicher, der Verhaltensspielraum größer. Abweichendes Verhalten wird eher toleriert.
- Die Gruppe wird insgesamt positiver erlebt. Spaß, Lachen und Entspannung kennzeichnen das Gruppenklima. Die Arbeitsfähigkeit nimmt zu.
- Wenn Entscheidungen gefällt werden müssen, kann man sich rasch einigen. Das Gruppenleben wird harmonisch.

Die Harmonie beruht allerdings zum Teil darauf, daß Konflikte vermieden werden. Oft sind Gefühle von Neid und Eifersucht tabu. Aggressives Verhalten ist gegen die Norm, Ärger wird nicht ausgedrückt. *Mit der Zeit entsteht eine Diskrepanz zwischen den tatsächlichen Gefühlen und dem harmonischen Gruppenverhalten der Teilnehmer.* Ein Teil der Echtheit, Offenheit und Spontaneität ist der Gruppenharmonie geopfert worden. Wiederum kann der einzelne nicht „sich selber" sein. Die unterdrückten Gefühle bilden zudem eine verborgene Gefahr: Sie können durch einen plötzlichen Ausbruch die mit Konflikten nicht vertraute Gruppe sprengen. Oder sie können dazu führen, daß die Gruppe stagniert und ihre Anziehungskraft allmählich einbüßt.

Nach dem Abklingen der Auseinandersetzungen verläuft das Gruppengeschehen harmonisch. Die Mitglieder vermeiden Konflikte und halten negative Gefühle zurück.

D) Wachstum

Wenn eine Gruppe sich weiterentwickeln soll, müssen die Teilnehmer bereit sein, auch negative Gefühle und Konflikte zu akzeptieren. Vor allem aber müssen sie über ihre Beziehungen reden können. *Die Kommunikation selbst und die Struktur der Gruppe werden damit zum Gesprächsgegenstand.*

Mitglieder einer Gruppe können sich z.b. mit folgenden Fragen auseinandersetzen:

Kommunikationsstruktur
* Mit wem habe ich häufig Kontakt? Mit wem nicht?
* Mit wem bin ich auch außerhalb der Arbeitszeit zusammen?

Position und Rollen
* Welche Stellung haben die einzelnen in der Gruppe?
* Welche Erwartungen sind damit verbunden?
* Kann ich meine Stellung irgendwie charakterisieren?
* Wer übernimmt bei Gruppenaktivitäten gewöhnlich die Initiative?
* Wer macht die Arbeit?
* Wer hält sich im Hintergrund?
* Wer spricht meistens, wer schweigt?

Normen
* Worüber sprechen wir in der Gruppe, worüber nicht?
* Welche Gefühle werden ausgedrückt? Welche nicht?
* Darf gelacht werden?
* Wie offen kann ich sein?
* Wieviel Nähe erlauben wir uns? Darf Zuneigung gezeigt werden?
* Wie klug müssen (z.B. in Diskussionen) die Beiträge sein?

Machtverteilung
* Wie entscheiden wir uns? Stimmen wir ab?
* Bin ich mit dem Entscheidungsverfahren einverstanden?

Berücksichtigung persönlicher Bedürfnisse
- Wie fühle ich mich in der Gruppe?
- Wie weit kann ich „mich selbst sein"?
- Bekomme ich das, was ich möchte?
- Gebe ich das, was ich möchte?

Ziele
- Was wollen wir eigentlich?
- Tun wir das, was wir wollen?
- Wollen wir das, was wir gegenwärtig tun?

Konflikttoleranz
- Wieviel Auseinandersetzungen können wir ertragen?
- Unterdrücke ich persönliche Meinungen, um den „Gruppenfrieden" nicht zu gefährden?
- Habe ich Angst, mich durch Opposition unbeliebt zu machen?

Gruppen und einzelne können sich weiterentwickeln, wenn über Beziehungsfragen offen geredet werden kann und wenn die Strukturen (Rollen, Normen, Ziele etc.) veränderbar sind.

2.7 Das Gruppenthema

Gruppen können sich in energiefressende Konflikte verstricken und - trotz großem Einsatz von einzelnen - immer unproduktiver werden. Sie brauchen dann jemanden, der das Gruppenthema erkennt und damit zu arbeiten versteht.

Heinrich Werthmüller

A) Gruppen haben ein Thema

Die Mitglieder einer Gruppe mögen sich in ihren Interessen und Motivationen sehr stark voneinander unterscheiden. Trotzdem entwickeln sie im Laufe der Zeit gemeinsame Anliegen und Phantasien in bezug auf die Art ihrer Interaktionen: Sie verhalten sich so, als ob für sie ein gemeinsamer „Beziehungssatz" gelten würde, z.B.
- in der Anfangsphase einer Gruppe:
„Ich halte mich zurück und beobachte, was die anderen tun."
- oder in der Phase der Konfrontation:
„Ich kämpfe um Anerkennung und um meinen Platz in der Gruppe."
- oder in der Harmonie-Phase:
„Ich fühle mich wohl in dieser Gruppe und ich tu alles, um die gute Stimmung nicht zu stören."

Solche Beziehungssätze, die für jedes Gruppenmitglied gültig sind, bezeichnet man als *Themen.* Gruppenthemen sind - genau wie Normen, Ziele und Rollen - den Beteiligten zum Teil bewußt, zum Teil aber nicht bewußt. Sie werden leichter von Außenstehenden wahrgenommen. Wie wichtig Gruppenthemen für die praktische pädagogische Arbeit sind, wurde erst in den letzten

Jahren entdeckt.[1] Unterricht hat immer eine Sachebene (Sach- oder Stoffthema) *und* eine Beziehungsebene (Gruppenthema). Man kann davon ausgehen, daß wirksames Lernen in Gruppen überhaupt nur möglich ist, wenn Gruppenthemen erkannt und im Unterricht berücksichtigt werden. Ist dies nicht der Fall, so treten sie in der Regel als Störungen in Erscheinung. Der Lehrer hat es dann mit einer lustlosen, mit einer aggressiven oder mit einer chaotischen Gruppe zu tun, die sich scheinbar auf kein einziges (Sach-)Thema störungsfrei einlassen kann.

B) Das Gruppenthema erkennen

Wenn LehrerInnen – z.B. in der Supervision – darüber reden, was in ihrer Schulklasse „so alles läuft", fällt immer wieder auf, wie sehr die Störungen im Zentrum der Aufmerksamkeit stehen.[2]

Der typische „Störfall" ist fast immer ein Knabe. Ganz allein steht er selten, meist hat er einige „Mitläufer". Das aggressive Geschehen geht also von einer Knabengruppe aus.

Da ist z.B. Patrik, Fünftklässler, ein Jahr älter als die anderen (1x sitzengeblieben), beide Eltern arbeiten, hat viel Geld zur Verfügung. Schulisch ist er eher schwach - vor allem sprachlich - fällt im Unterricht auf durch provozierende Antworten und durch schlichte Verweigerung. Er wird bewundert („vergöttert") von Marcel, einem der Schwächsten in der Klasse. Mit von der Partie ist auch Pascal, ein guter Schüler, der aber häufig im Einkaufs- zentrum anzutreffen ist. Beim Rauchen wurde er auch schon er- tappt. Andere Knaben lassen sich „hineinziehen", machen z.B.

---

1 vgl. Cohn (1975), Werthmüller (1993 [3])
2 vgl. Artho, Gubler, Marmet, Werthmüller (1993)

mit, als im Unterricht bei einer Fachlehrerin ein Feuerwerkskörper gezündet wird.

Beim Nachdenken über solche „Störfälle" ist es wichtig, die Gesamtgruppe nicht aus dem Auge zu verlieren. Patrik, Marcel, Pascal & Co. profilieren sich nicht im luftleeren Raum! Alle, die zur Schulklasse gehören, spielen mit: auch die Opfer, auch die „stillen Mädchen", auch die „schweigende Mehrheit" - und die LehrerInnen! Zwar führen einige Knaben Regie, vielleicht sind sie auch die Hauptdarsteller, die „Stars" - aber immer haben sie Mitspieler und immer ein Publikum. Ohne Mitspieler und ohne Publikum geht gar nichts.

Bei Patrik, Marcel, Pascal & Co. führte die konsequente gruppendynamische Analyse zu einem überraschenden Ergebnis. Der Lehrerin, die den Fall Patrik ursprünglich geschildert hatte, war das Verhalten der Mädchen aufgefallen. Teils verängstigt, teils moralisch entrüstet, erschienen sie immer wieder bei der Lehrerin und kommentierten die neuesten (Un-)Taten der Akteure. Sie forderten die Bestrafung der Täter, fragten aber auch nach den Motiven und entwickelten Verständnis. Intensiv wurde erörtert, wie man diesen Knaben „helfen könne, damit sie sich nicht mehr so aufzuführen brauchten". Offensichtlich war es dieser Knabengruppe gelungen, die Mädchen in ungewöhnlichem Ausmaß für sich zu interessieren. Immer deutlicher kam heraus: es ging um den Kontakt zum anderen Geschlecht! Von der agierenden Knabengruppe her gesehen, konnte man als Thema formulieren: „Wir möchten euch (den Mädchen) näher kommen - aber wir haben auch Angst. Daher spielen wir uns auf und versuchen, „die Größten" zu sein. Wir hoffen, daß euch das imponiert". Von den reagierenden Mädchen her gesehen, ließ sich das Thema formulieren: „Wir sind empört über euer Verhalten, wir haben aber auch Verständnis und wir möchten euch helfen". Und als Beziehungssatz für alle mußte als Gruppenthema formuliert werden:

„Ich möchte dir näher kommen, aber ich habe keine Ahnung, wie man das macht".

Betrachtet man die Suchbewegung der LehrerInnengruppe, die den „Fall" Patrik, Marcel, Pascal & Co. analysierte, so lassen sich deutlich drei Phasen unterscheiden:

1. Die Aufmeksamkeit richtet sich auf einzelne Problemkinder. *Die Störfälle stehen im Zentrum.*

2. Die ganze Schulklasse rückt ins Blickfeld. *Man erfaßt die Gruppendynamik der Störung.*

3. Das *Beziehungsthema der Gruppe* wird erkannt und ausformuliert. Damit ist der *Angelpunkt für wirksames gruppenpädagogisches Handeln* gefunden .

C) Das Gruppenthema aufnehmen

In den letzten Jahren haben zwei gruppenpädagogische Richtungen gezeigt, wie man ein Thema aufnehmen und mit ihm arbeiten kann.

1. Die themenzentrierte Interaktion (TZI) nach Ruth Cohn[3] fordert die LehrerInnen dazu auf, das Thema zu formulieren und in der Gruppe in geeigneter Form zur Diskussion zu stellen. Damit wird das, was bisher unbewußt wirksam war, zum Unterichtsgegenstand: Die Gruppe setzt sich mit ihrem Thema bewußt auseinander. Dieses Vorgehen eignet sich allerdings eher für Jugendliche und Erwachsene mit einer gut entwickelten Fähigkeit zur Reflexion.

2. Das themenzentrierte Theater (TZT) nach Heinrich Werthmüller[4] geht einen wichtigen Schritt weiter: Das Thema wird auf eine neue Erfahrungsebene gebracht. Auf dieser Ebene setzt

---

3 vgl. R.Cohn (1975)

4 vgl. H.Werthmüller (1993 [3])

sich die Gruppe spielend - handelnd - erlebend mit ihrem eigenen Thema auseinander. Das geht z.B. so:

Eine Lehrerin stellt fest, daß es bei den meisten Störungen in ihrem Unterricht um das Erregen von Aufmerksamkeit geht. Immer wieder will einer gesehen und gehört werden, immer wieder will einer „der Größte" sein. Sie formuliert als *Gruppenthema*:

„Ich suche deine Aufmerksamkeit. Daher spiele ich mich auf und versuche, mit allen Mitteln, der Größte zu sein".

Zu diesem Thema entwickelt sie nun ein Setting von Handlungsangeboten, die sich zwischen Realität und Fiktion bewegen. Sie kreiert Spielanlagen, die den Kindern jede erdenkliche Möglichkeit bieten, Aufmerksamkeit zu erregen und „die Größten" zu sein. Als geeignete „Umfelder" bieten sich an: das Showbusiness, die Werbung, der Zirkus, das Guinness-Buch der Rekorde, u.s.w. Im Rahmen verschiedenster Rollenangebote dürfen die Kinder nun laut sein, ausgefallene Bewegungen und Geräusche machen, sich gegenseitig übertrumpfen, bluffen, eine „Show abziehen" usw. Sie übernehmen die Rollen von Clowns, Zirkusakrobaten, Showstars, von Marktschreiern und Rekordbrechern. Endlich dürfen sie mit allen Mitteln Aufmerksamkeit erregen und die Größten sein. Ein Bedürfnis, das bisher immer nur als Störung in Erscheinung trat, kann nun ausgiebig gelebt werden. Das Gruppenthema findet seine Erfüllung auf der Spielebene.

Es ist erstaunlich, welche Wirkung dieses Vorgehen in der Praxis haben kann. Manche Gruppen sind nach einer solchen Aktion kaum wieder zu erkennen. Das Gruppenthema hat sich offensichtlich gewandelt.

Mitglieder von Gruppen entwickeln im Laufe ihrer Interaktionen ein gemeinsames Beziehungsthema. Die Arbeit auf der Sachebene wird durch dieses Thema erleichtert - oder auch gestört. Gruppenthemen können erkannt und mit geeigneten Methoden aufgenommen und entwickelt werden. Wenn dies nicht geschieht, treten sie häufig als Störungen in Erscheinung.

---

3 Sozialisation

Da steht er nun, als Mann verkleidet
und kommt sich nicht geheuer vor.
Fast sieht er aus, als ob er leidet.
Er ahnt vielleicht, was er verlor.

Er trägt die erste lange Hose.
Er spürt das erste steife Hemd.
Er macht die erste falsche Pose.
Zum erstenmal ist er sich fremd.

Erich Kästner:
Zur Fotografie eines Konfirmanden

Durch Sozialisation wird ein Individuum Mitglied einer Gruppe.

Betrachtet man diesen Vorgang vom einzelnen her, so handelt es sich um einen *Lernprozeß*. Ein Kind wächst in die Gesellschaft hinein, indem es lernt, sich in Gruppen „richtig" zu verhalten. Von der Gesellschaft her gesehen, geht es um einen *Prozeß der Überlieferung*. Durch die Sozialisation der nachfolgenden Generation wird das eigene Fortbestehen gesichert.

- Ein neugeborenes Kind besitzt alle Voraussetzungen, um Mitglied irgendeiner Gesellschaft zu werden. Zu einem „typischen" Schweizer, Franzosen oder Amerikaner wird es durch Sozialisation.

Sozialisation beinhaltet in erster Linie die *Übernahme von Normen und Rollen*:

Normen: − wie man grüßen soll
          − wie man ißt
          − was man sagen darf und was nicht

Rollen: −wie man ein „liebes Kind" ist
         − was ein „richtiger Junge" tut
         − wie man ein „guter Schüler" wird

Im Laufe seiner Entwicklung lernt das Kind, die Erwartungen der Umwelt einigermaßen zu erfüllen, zunächst in der Familie, später in anderen Gruppen. So wächst es allmählich in die Gesellschaft hinein. Verschiedene *Lernprozesse* wirken bei der Sozialisation zusammen:

a) Das Kind identifiziert sich mit den Erwachsenen

Es versetzt sich an ihre Stelle und ahmt ihr Verhalten nach. Ein Dreijähriger klemmt z.B. einen Bleistift zwischen die Finger, führt ihn zum Mund, saugt daran und bläst den „Rauch" aus. Er „raucht", wie er das beim Vater gesehen hat.

b) Das Kind internalisiert (verinnerlicht) Normen und Rollen

Hört man spielenden Kleinkindern zu, so fällt auf, daß sie mit ihren Puppen (oder auch mit sich selber) genauso reden wie die Erwachsenen mit ihnen. Im Rollenspiel sprechen sie z.B. energisch Verbote aus: „Nein, das darfst du nicht tun, das ist bös! Wenn du das tust, mußt du sofort ins Bett!" Die Stimme der Eltern ist offenbar bereits „verinnerlicht". Sie wird mit der Zeit zur „Stimme des Gewissens".

c) Die Umwelt reagiert mit Lob und Belohnungen auf „richtiges", d.h. auf norm- und rollenkonformes Verhalten des Kindes. Für abweichendes Verhalten dagegen wird es getadelt und bestraft[1]

Ein zweijähriges Kind erlebt z.B. sehr deutlich die Forderung, jetzt langsam „sauber" zu werden. Wenn es sich rechtzeitig meldet und ins Töpfchen macht, wird es gelobt. Andernfalls hat es mit Tadel, später auch mit Strafe und Spott zu rechnen.

Sozialisation ist Lernen[2]. Durch Identifikation mit anderen, durch die Internalisierung von Normen und Rollen wächst das Kind in die Gesellschaft hinein. Die Umwelt unterstützt diesen Prozeß mit positiven und negativen Sanktionen.

---

1   vgl. Kap. 22.
2   Hartley und Hartley (1955).

4 Soziale Wahrnehmung

*Du sollst dir kein Bildnis machen, heißt es von Gott.
Es dürfte auch in diesem Sinne gelten: Gott als das Lebendige in jedem Menschen, das, was nicht erfaßbar
ist. Es ist eine Versündigung, die wir, so wie sie an uns
begangen wird, fast ohne Unterlaß wieder begehen –
Ausgenommen wenn wir lieben.*

Max Frisch

Unsere Wahrnehmung der sozialen Wirklichkeit ist nicht „objektiv“.
Wir sehen die Menschen um uns herum nicht „wie sie sind“, *wir machen uns ein Bild* von ihnen. In der Praxis geht das so, daß wir aufgrund von Wahrnehmungen und Informationen anderer Menschen
Eigenschaften und Absichten zuschreiben. Dabei können uns verschiedene Fehler unterlaufen.

A) Die Einschätzung „auf den ersten Blick“

Der erste Eindruck bestimmt oft erstaunlich nachhaltig das Bild, das
wir uns von Menschen machen. Die äußere Erscheinung des anderen
und unsere eigene Spontanreaktion darauf (Sympathie/Antipathie)
beeinflussen unsere späteren Wahrnehmungen. So tendiert man z.B.
bei Menschen, die einem spontan gefallen, das zu übersehen, was
nicht ins positive Bild paßt. Leider gilt dies auch für den umgekehrten
Fall. *Unsere Wahrnehmung arbeitet selektiv.* Der „erste Eindruck“
kann nur schwer korrigiert werden.

B) Vorgefertigte Bilder (Stereotype)

Unsere Wahrnehmung wird beeinflußt durch vorgefertigte Bilder,
die wir in unseren Köpfen haben. Man bezeichnet diese Bilder als Stereotype (griech. stereotyp: starr, ständig wiederkehrend). Es handelt

sich um *emotional gefärbte Vorstellungen, die sich auf ganze Gruppen (bzw. Klassen) von Menschen beziehen:*

- ein Italiener! (Nationenstereotyp)
- ein Lehrer!   (Berufsstereotyp)
- ein Linker!   (politisches Stereotyp)

Wenn wir irgendeine Information über einen Menschen besitzen – wir wissen z.B. welchen Beruf er ausübt – so treten diese Stereotype in Aktion: Wir beginnen den Unbekannten „einzuordnen": wir machen uns ein Bild, wir glauben, etwas über ihn zu wissen.

C) Der Halo-Effekt

Damit ist gemeint, daß irgendeine hervorstechende „Eigenschaft" einer Person den *Gesamteindruck* bestimmt. Alles andere wird davon „überstrahlt". es wird nicht mehr bemerkt (griech. halo = „Hof" um eine Lichtquelle).

- eine schöne Frau!
- ein erfolgreicher Mann!
- ein schwacher Schüler!

Die Beispiele machen deutlich, wie der Halo-Effekt mit den bestehenden Normen zusammenhängt. Wenn ein Schüler in den „zentralen" Fächern (Sprache, Rechnen) schwache Leistungen erbringt, ist er eben ein „schwacher Schüler". Andere Qualitäten werden dann weniger beachtet.

D) Der logische Fehler

Er besteht darin, daß wir annehmen, daß *bestimmte Eigenschaften „logischerweise" zusammen auftreten:*

- intelligent, kritisch, ehrgeizig
- dumm, faul, uninteressiert
- höflich, sauber, anständig

Schon ein kurzer Blick auf eine solche „Liste" läßt uns den logischen Fehler erkennen. Trotzdem beeinflußt er unsere Alltagswahrnehmung.

E) Der Zuschreibungsfehler

Grundsätzlich können wir „Eigenschaften" von Menschen überhaupt nicht beobachten. Was wir tatsächlich sehen, sind Verhaltensweisen in bestimmten Situationen: Wir tendieren aber dazu, aus einzelnen beobachteten Verhaltensweisen Rückschlüsse auf die Person selbst zu ziehen: *Wir schreiben ihr Eigenschaften zu.*

- Einer, den wir bei einer Aggression beobachten, wird für uns *„ein aggressiver Typ".*
- Wir ertappen jemanden bei einer Lüge: *Er ist unehrlich.*

Zuschreibungen prägen unser „Bild vom anderen". Sie beeinflussen aber auch unser Verhalten. Von Zuschreibungen kann abhängen, ob wir mit dem anderen überhaupt etwas zu tun haben wollen oder nicht.

Warum unterliegt die soziale Wahrnehmung so vielen Verzerrungen? Warum können wir andere Menschen nicht „objektiver" sehen? Es scheint, daß unser „Bildermachen" von wichtigen Bedürfnissen beeinflußt wird[1]:

1. *Die Bilder sind einfacher als die Realität.* Sie erleichtern dadurch die Orientierung und Entscheidung.
2. *Die Bilder sind dauerhafter als die Wirklichkeit.* Wenn die Menschen „eben so sind, wie sie sind", fällt es uns leichter, ihr Verhalten zu verstehen, als wenn sie sich ändern.
3. *Die Bilder sind einheitlicher, weniger widersprüchlich als die Realität.* Auch dies erleichtert uns die Orientierung und Entscheidung.
4. *Bilder (besonders Stereotype) erzeugen Übereinstimmung mit der Gruppe: „WIR" sehen die anderen so oder so.*

Wir nehmen Menschen wahr, indem wir uns ein Bild von ihnen machen. Die Bilder sind einfacher, dauerhafter und widerspruchsfreier als die Wirklichkeit. Gemeinsame Bilder stärken den Gruppenzusammenhalt.

---

1 vgl. Heider (1958).

5 Soziales Lernen

5.1 Persönlichkeit und Sozialverhalten

*Es ist immer Hoffnung da, daß dein Leben anders
werden kann, denn du kannst jederzeit neue Erfahrungen machen und so Neues lernen.*

Virginia Satir

Lernen ist die Entdeckung, daß etwas möglich ist.

Fritz Perls

5.1.1 Das persönliche Verhaltensrepertoire

Szene im Lebensmittelgeschäft am Gemüsestand: Ich habe lange ge-
wartet und bin sicher, daß ich jetzt an der Reihe bin. Noch bevor ich
reden kann, drängt sich eine Frau vor und gibt ihre Bestellung auf.

Wie reagiere ich in einer solchen Situation? Kann ich das mit einiger Sicherheit sagen oder hängt das ganz von den besonderen Umständen ab? Vielleicht vom Alter der Frau? Vielleicht von meiner Stimmung? Wie würde z.B. meine Mutter reagieren? Andere Personen, die ich gut kenne?

Wenn ich diese Fragen zu beantworten versuche, denke ich über meine Verhaltenstendenzen in einer bestimmten sozialen Situation nach. Was würde ich tun, wenn . . . Und ich vergleiche meine Reaktionen mit jenen, die ich bei anderen Menschen beobachtet habe: Meine Mutter würde vermutlich . . . Dabei kann ich erkennen, daß verschiedene Personen in ähnlichen Situationen sehr unterschiedlich reagieren, so eben, wie es ihrer Persönlichkeit, ihrem „Charakter" entspricht.

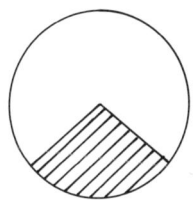 Wenn der ganze Kreis alle denkbaren Verhaltensmöglichkeiten darstellt, so entspricht der schraffierte Sektor dem Verhalten, das einer bestimmten Person zur Verfügung steht. *Dies ist das persönliche Verhaltensrepertoire.*

Kinder experimentieren im Laufe ihrer Entwicklung mit den verschiedensten Verhaltensweisen. Ihre Umwelt (Eltern, Geschwister, Kameraden) reagiert darauf. Manche Verhaltensweisen haben Erfolg, andere nicht. Manche werden sogar bestraft. *Mit der Zeit findet das Kind jenes Verhaltensrepertoire, mit dem es in seiner Umwelt zurecht kommt.*

Der dreijährige Markus z.B. entdeckt, daß er seine Eltern zum Lachen bringen kann, wenn er etwas angestellt hat. Er schaut dann drollig-schuldbewußt drein und sagt: „Böser Mark! Geh sofort ins Bett!" So entgeht er einer Bestrafung. Später gehört es zu seinen Verhaltensmöglichkeiten, in schwierigen Situationen durch komische Bemerkungen ein Gelächter zu provozieren.

Es gibt auch elementare Anteile der Persönlichkeit, die weitgehend „anlagebedingt" sind, so z.B. das Temperament. Im wesentlichen aber lernt das Kind sein Verhalten in der Auseinandersetzung mit der Umwelt. Es entwickelt sein persönliches Verhaltensrepertoire im Laufe der Sozialisation[1].

> Im Beziehungsbereich verfügt der einzelne über ein begrenztes persönliches Verhaltensrepertoire, das er im Laufe der Sozialisation entwickelt hat.

5.1.2 Die Bedeutung des sozialen Lernens

Im weitesten Sinne ist alles Lernen im Beziehungsbereich „soziales Lernen". Die ganze Sozialisation des Kindes beruht darauf. Überall dort, wo Personen in der Auseinandersetzung mit Personen lernen, findet „soziales Lernen" statt.

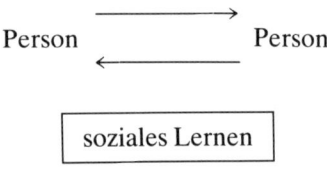

---

1 vgl. Kap. 4.

Im Gegensatz dazu steht das „Sachlernen". Die Person setzt sich mit einer „Sache" auseinander.

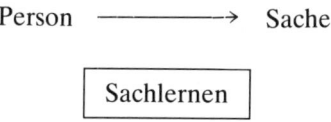

Person ――――――→ Sache

Sachlernen

Wo unterrichtet wird, überschneiden sich die beiden Lernprozesse. In der Schule lernt das Kind lesen, schreiben, rechnen. Und gleichzeitig lernt es, sich in eine Ordnung einzufügen, mit den Kameraden zurechtzukommen, zu gehorchen etc. *Soziales Lernen und Sachlernen sind häufig gar nicht zu trennen.*
Bei älteren Kindern, Jugendlichen und Erwachsenen bedeutet soziales Lernen aber immer: *Lernen auf der Grundlage einer bereits bestehenden Persönlichkeitsstruktur.* Bestimmte Verhaltenstendenzen sind ausgebildet; der einzelne verfügt über ein persönliches Verhaltensrepertoire (vgl. 511). Wenn er etwas dazulernen will, muß er sich damit auseinandersetzen. Das heißt konkret: *Er muß sein Verhaltensrepertoire kennenlernen, und er muß versuchen, es auszuweiten.*

Der erste Schritt:

Kennlernen des eigenen Verhaltensrepertoires

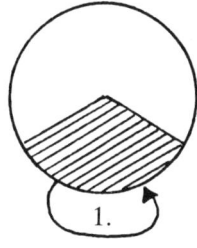

Kennenlernen heißt:

- Sich selber wahrnehmen lernen.
- Etwas darüber erfahren, wie das eigene Verhalten auf andere wirkt.

Dieser Aspekt des sozialen Lernens wird im Kapitel 5.2 ausgeführt.

Der zweite Schritt:

Ausweitung des persönlichen Verhaltensrepertoires

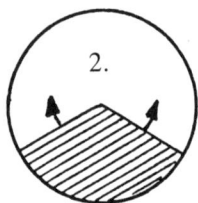

Ausweiten heißt:

- Sich selber akzeptieren lernen.
- Mit ungewohntem Verhalten experimentieren: Neues ausprobieren!

Dieser Aspekt des sozialen Lernens wird im Kapitel 5.3 ausgeführt.

Soziales Lernen ist ein Lernen im Beziehungsbereich. Es beinhaltet die Auseinandersetzung mit anderen Menschen und mit der eigenen Person.

5.2 Die Wahrnehmung des eigenen Verhaltens

> *BEWUSSTHEIT IST EIN WERKZEUG. Wenn dir etwas bewußt ist, kannst du wählen. Je größer deine Bewußtheit ist, desto sorgfältiger kannst du wählen, desto mehr Wahlmöglichkeiten hast du.*
>
> James S. Simkin

5.2.1 Selbstwahrnehmung und Lernen

Alles Lernen beruht auf Wahrnehmung.

Wenn ein Kind lernt, den Ball gegen die Wand zu werfen und ihn wieder aufzufangen, so braucht es vor allem seine Muskelfunktionen und seine Sinne. Es wirft, beobachtet, was geschieht, korrigiert, wirft wieder etc. Es ändert sein Verhalten (d.h. es lernt) aufgrund seiner Wahrnehmungen.

Lernen setzt also gut funktionierende Sinne voraus. *Die genaue, differenzierte Wahrnehmung der Situation ist ein wesentlicher Teil des Lernprozesses.*

Gerade dieser Teil scheint beim sozialen Lernen besonders schlecht zu funktionieren.

- Nehme ich den anderen wirklich wahr? Höre ich den Klang seiner Stimme? Kann ich sehen, was er mit seinem Körper ausdrückt?
- Nehme ich mich selbst wirklich wahr? Spüre ich mein Herzklopfen? Wird mir bewußt, daß ich die Stirne runzle, die Zähne zusammenbeiße? Oder daß ich in Gedanken bereits „weit weg" bin?

79

Unsere Wahrnehmungsfähigkeit im zwischenmenschlichen Bereich ist oft sehr eingeschränkt: Lücken, Ausfälle und „blinde Flecke" sind eher die Regel als die Ausnahme. Woher kommt das?

Kleine Kinder nehmen z.B. andere Menschen noch sehr genau und unbefangen wahr („Papi, warum zuckt dein Mund so komisch?" − „Mami, warum hast du so rote Augen?"). Sie spüren auch sehr gut, was in ihnen selber vorgeht („Da drin tut's weh", darum muß ich weinen!"). Diese Art von Wahrnehmungsfähigkeit wird im Laufe des Erziehungsprozesses eingeschränkt („So etwas sagt man nicht!" − „Starr' die Leute nicht so an!" − „Sei nicht immer so wehleidig!"). *Gut erzogene Kinder haben gelernt, vieles nicht zu sehen, nicht zu hören und nicht zu empfinden.* Das ist ein wesentlicher Aspekt der Sozialisation, des „Hineinwachsens in die Gesellschaft"[1].

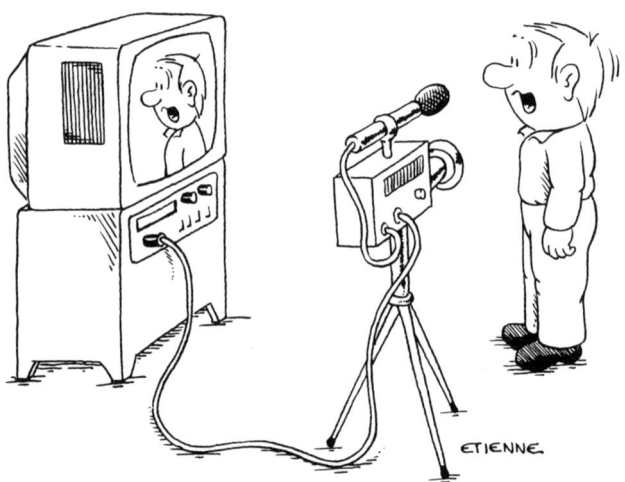

Wenn aber ein Lernen im Beziehungsbereich möglich sein soll, muß gerade diese Wahrnehmungsfähigkeit wieder geweckt und entwickelt werden. Sehen, hören, spüren: den anderen − und sich selbst.

Grundsätzlich können *drei „Zonen der Wahrnehmung"*[2] unterschieden werden:

---

1 vgl. Kap. 4.
2 vgl. Stevens (1975).

1. *Die Wahrnehmung der „äußeren Welt"*
Die Sinne vermitteln uns – mindestens im Wachzustand – eine
Fülle von Eindrücken. Wir sind in Kontakt mit dem, was wir se-
hen, hören, riechen, schmecken oder berühren können.

2. *Die Wahrnehmung der „inneren Welt"*
Wir können spüren, wie unser Herz klopft. Wir sind in Kontakt mit
unseren Gefühlen. Wir sind fröhlich oder traurig, wir haben Emp-
findungen von Schwere, Müdigkeit, Wohlbehagen etc.

3. Die Wahrnehmung aufgrund von „Gedankentätigkeit"
Dinge, die wir nicht sehen, können wir uns vorstellen. Ereignisse,
die bereits vergangen sind, können in Erinnerung gerufen werden.
Wir können auch Zukünftiges vorwegnehmen und Pläne machen.
Wir stellen uns Personen vor und „reden" innerlich mit ihnen.

Die Entwicklung der Wahrnehmungsfähigkeit beginnt damit, daß wir
lernen uns *bewußt zu werden, in welchem dieser Bereiche wir uns bewegen.*
Wo bin ich gerade jetzt? Wenn ich z.B. aus dem Fenster sehe, bin
ich . . .

- bei den Bäumen, die sich im Winde bewegen?
  (äußere Sinneswahrnehmung)
- bei der Müdigkeit, die ich gerade spüre?
  (innere Sinneswahrnehmung)
- bei den Gedanken an das, was ich heute abend tun will?
  (Gedanken-/Phantasietätigkeit)

Die meisten Menschen, die dieses Experiment machen, stellen zunächst fest, daß sie sich viel mehr mit Vorstellungen und Gedanken
befassen, als sie geglaubt haben. Daß es ihnen schwer fällt, bei Sin-
neswahrnehmungen zu verweilen, daß z.B. beim Betrachten einer
Landschaft sofort das „innere Reden" anfängt und daß sie abschwei-
fen, ohne es zu merken. Manche stellen mit einem gewissen Er-
schrecken fest, daß sie fast gar nicht imstande sind, sich selber deutlich zu spüren. Im Gespräch mit anderen merken viele, wie flüchtig
sie zuhören und wie sehr sie innerlich bereits mit eigenen Gedanken,

z.B. mit der Formulierung einer Antwort beschäftigt sind. Solche Feststellungen sind wichtig. Nicht um sich jetzt anzustrengen, es anders zu machen. *Das bloße Bewußtwerden dieser Vorgänge hat bereits etwas verändert.*

- Wenn ich in Gesprächssituationen feststelle, daß ich

  - nur flüchtig zuhöre,
  - den anderen nicht richtig (an-)sehe,
  - selber körperlich „verspannt" bin,
  - dauernd daran denke, was ich selber sagen will,

  so ist bereits eine wichtige Änderung eingetreten. Ich nehme etwas wahr, was bisher unbewußt „abgelaufen" ist. Ich kann nun dazu Stellung nehmen. Ich kann mich z.B. dafür entscheiden, etwas länger bei meinen Sinnen zu bleiben und dem „inneren Geschwätz" etwas weniger zuzuhören.

Diese Form von Selbstwahrnehmung ist der wesentlichste Schritt zum sozialen Lernen. *Nur wer überhaupt wahrnimmt, was geschieht, kann darauf reagieren.* Nur durch differenziertes Wahrnehmen können wir lernen.

Soziales Lernen beginnt mit der Entwicklung der Fähigkeit, sich selber und andere Personen differenziert wahrzunehmen.

5.2.2 Lernen durch Rückmeldungen ("Feedback")

In einem wichtigen Bereich der Selbstwahrnehmung sind wir auf andere angewiesen. *Nur andere Menschen können uns von außen − und mit ihren Augen sehen. Nur sie können uns sagen, wie sie unser Verhalten erleben.*

- Schon das Hören der eigenen Stimme vom Tonband bringt gewöhnlich eine Überraschung: Bin ich das wirklich? Klingt meine Stimme so? Recht hart ist manchmal die Konfrontation mit einer Filmaufzeichnung: Sehe ich denn so aus? Bewege ich mich tatsächlich so?

Diese Rückmeldungen durch technische Medien sagen uns jedoch nicht, wie andere uns sehen und erleben. Auch im Spiegel sehen wir uns mit den eigenen Augen. Wie sehen uns aber die anderen? Wie wirkt unser Verhalten auf sie?

- Zum Teil kann ich sehen und hören, wie andere auf mich reagieren. Es gibt spontane Rückmeldungen, z.B. lachen, Beifall klatschen − oder auch gähnen! Manchmal sind solche Reaktionen undeutlich, und ich bin darauf angewiesen, Schlüsse zu ziehen: „Da habe ich offenbar etwas Falsches gesagt!" oder: „Ich glaube, das ist schon richtig verstanden worden."

Menschen, die sich gut kennen und die einander vertrauen, geben sich oft leichter Rückmeldungen als Fremde. Auch kleine Kinder sagen noch unbefangen, wie sie andere erleben: . . . „Du riechst so komisch, mir wird ganz schlecht!" Den Erziehern ist solche Deutlichkeit peinlich, und sie gewöhnen den Kindern diese spontanen Rückmeldungen ab: „Jetzt hör aber auf! Das sagst du nicht noch einmal!" *Rückmeldungen sind also − mindestens teilweise − tabuisiert.* Damit wird der einzelne geschützt. Unter gut erzogenen Menschen bekommt man nichts Schockierendes zu hören. Damit beginnt aber auch die Unsicherheit: „Wie denken die anderen darüber?" „Warum sagt niemand etwas?"

Wenn wir unsere Selbstwahrnehmung verbessern wollen, brauchen wir mehr und konkretere Rückmeldungen. Wir müssen wissen, wie andere unser Verhalten wahrnehmen und erleben.

Die Funktion der Rückmeldung („Feedback") kann folgendermaßen dargestellt werden:

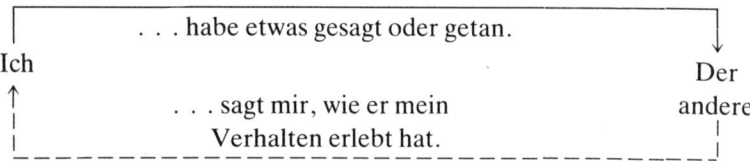

Rückmeldungen sagen dann am meisten aus, wenn sie rasch erfolgen, konkret sind und sachlich beschreiben, wie ein bestimmtes Verhalten erlebt wurde.

- Z.B. in einer Diskussion: „Du bist vorhin gar nicht auf mein Argument eingegangen – wie wenn du es überhört hättest. Ich kam mir ganz blöd vor . . ."

Eine solche Rückmeldung mag wie ein Vorwurf klingen. Vielleicht weckt sie beim Empfänger die Tendenz, sich zu rechtfertigen: „Aber ich habe doch nur . . ." Im Grunde genommen ist das sinnlos. Es geht nicht darum, was „objektiv" richtig ist. Es geht nur darum, wie die Beteiligten das Geschehen wahrgenommen haben.

Rückmeldungen sagen einem Menschen nicht „die Wahrheit" über sich. Sie sagen ihm nur, wie andere ihn wahrnehmen und erleben.

Rückmeldungen sollen auch nicht der Anpassung des einzelnen an die Erwartungen der Gruppe dienen. Es ist nicht wichtig, den anderen besser zu gefallen. Es geht einzig und allein darum, vollständiger und genauer wahrzunehmen, was in der Kommunikation geschieht. Auf dieser Grundlage wird soziales Lernen möglich.

> Durch Rückmeldungen erfährt der einzelne, wie andere sein Verhalten wahrnehmen und erleben. Rückmeldungen verbessern die soziale Wahrnehmung und ermöglichen ein wirksames Lernen im Beziehungsbereich.

5.3 Die Ausweitung des persönlichen Verhaltensrepertoires

5.3.1 Günstige Lernbedingungen

Diese innere Kraft und dieser Wunsch zum Lernen, zum Entdecken, zur Erweiterung von Wissen und Erfahrung, kann unter angemessenen Bedingungen freigesetzt werden.

Carl Rogers

Es gibt vieles, was wir mühelos lernen, was uns gleichsam „zufällt". Anderes erfordert Anstrengung und langfristigen Einsatz. Und schließlich gibt es Lernprozesse, denen wir am liebsten ausweichen möchten.

- Wie leicht und spielerisch lernen z.B. Kinder sprechen. Wieviel Mühe kostet manchmal das Lernen von Bewegungsabläufen: Ball fangen, Schuhe binden, Schreiben . . . Und wie schmerzlich ist es für manches Kind, beim Schuleintritt zu lernen, daß es nun nicht mehr im Mittelpunkt steht, daß es Aufmerksamkeit und Zuwendung teilen muß!

Erwachsene haben meistens vergessen, wie lange solche Lernprozesse gedauert haben, und wie weh es manchmal tat. Lernen und Weinen gehörten nicht selten zusammen.
Es ist wichtig, daß wir uns diesen schmerzhaften Aspekt des Lernens bewußt machen. *Lernen ist Verhaltensänderung durch Erfahrung.* Erfahrungen sind nicht immer angenehm, und Verhalten zu ändern ist nicht immer einfach. Dies gilt ganz besonders für den Bereich des „sozialen Lernens".

- Ein Kind z.B., das sein Spielzeug für sich behalten will, macht die Erfahrung, daß seine Kameraden unter diesen Bedingungen nicht mit ihm spielen wollen. Es muß nun lernen, etwas herzugeben und zu teilen. Keine einfache Sache . . .

Bei älteren Kindern und Erwachsenen kommt hinzu, daß Verhaltensweisen zu festen Gewohnheiten geworden sind. Wir haben uns ein Verhaltensrepertoire angeeignet, mit dem wir im allgemeinen zurecht kommen (vgl. 5.1.1). Mit dem Älterwerden wachsen daher die Widerstände gegen Veränderungen. *Andererseits ist das Festhalten am Gewohnten gefährlich. Es führt zu einem Verlust an Lebendigkeit und zur Unfähigkeit, neue Erfahrungen zu machen.*

Was können wir also tun?

Wir können versuchen, für Lernprozesse günstige Bedingungen zu schaffen. Das heißt zunächst, daß wir uns jene Faktoren, die das Lernen unnötig erschweren, bewußt machen müssen.

- Beim Lernen einer Fremdsprache z.B. ist es unumgänglich, daß Fehler gemacht werden: Falsche Wörter, falsche Satzkonstruktionen, falsche Aussprache. Es ist aber nicht nötig, daß der Lernende deshalb bloßgestellt wird. Eine ironische Bemerkung des Lehrers kann das Lernen ebenso erschweren wie das spöttische Gelächter der Klassenkameraden. Es gibt Schüler, die es unter diesen Bedingungen vorziehen, nicht mehr am mündlichen Unterricht teilzunehmen.

Solche Situationen sind häufig. *Aus Angst etwas falsch zu machen und sich bloßzustellen, halten sich Lernende zurück. Das bedeutet in der Praxis meistens, daß sie dem Lernprozeß ausweichen.*

Allgemein ungünstige Lernbedingungen sind:

- Ein starker Selektions- und Prüfungsdruck
- Die Überbetonung von Erfolg (Belohnungen, Zensuren)
- Rivalität und Konkurrenzdenken
- Spöttische Haltungen: Herabsetzen, Bloßstellen, Auslachen
- Intoleranz gegenüber dem, was von der Norm abweicht
- Perfektionismus

Unter solchen Bedingungen ist der Lernende dem dauernden Druck ausgesetzt, keine Schwächen zu zeigen und alles richtig zu machen. *Er darf also eigentlich gar kein Lernender sein. Er sollte „es" immer schon können . . .*

ETIENNE.

Günstige Lernbedingungen dagegen schaffen einen Rahmen für unbeschwertes Experimentieren. Der Lernende wird ermutigt, Neues zu versuchen und vor Ungewohntem nicht zurückzuschrecken. Fehler sind erlaubt, sie gehören zum Lernprozeß.

Solche Rahmenbedingungen sind besonders wichtig für das „soziale Lernen". Wenn es darum geht, sich persönlich zu exponieren und z.B. im Rollenspiel ein ungewohntes Verhalten auszuprobieren, dann ist man auf eine vertrauensvolle Atmosphäre angewiesen.

87

Die Bedingungen für soziales Lernen sind dann besonders günstig,

- wenn der Lernende sich sicher fühlt und den Menschen, mit denen er zusammen ist, vertrauen kann;
- wenn er neugierig und bereit ist, ein Risiko einzugehen;
- wenn er neues Verhalten in einer entspannten Atmosphäre handelnd erproben kann;
- wenn er alternative Möglichkeiten des Verhaltens bei anderen beobachten kann;
- wenn er eigene Schwäche und Unvollkommenheit akzeptiert und nicht krampfhaft perfekt werden will;
- wenn auch die anderen ihn so akzeptieren, wie er ist.

Als unvollkommene Person akzeptiert zu werden und Fehler machen zu dürfen, sind ebenso wichtige Voraussetzungen für soziales Lernen wie Neugierde und die Bereitschaft, ungewohntes Verhalten spielerisch zu erproben.

5.3.2 Zuhören

5.3.2.1 Das vorhandene Repertoire

> *Denn wer hört uns je in aller Welt,*
> *ob Freund und Lehrer, Bruder, Vater,*
> *Mutter, ob Schwester, Nachbar, Sohn . . .?*
> *Zu wem kann jemand sagen: Hier bin ich?*
> *Sieh die Nacktheit, sieh hier Wunden,*
> *geheimes Leid, Enttäuschung, Zagen, Schmerz,*
> *unsagbar'n Kummer, Angst, Verlassenheit!*
> *Hör einen Tag mich, eine Stunde bloß,*
> *nur einen Augenblick, auf daß ich*
> *nicht vergeh im Grauen wilder Einsamkeit!*
>
> *Seneca*

Senecas Klage macht deutlich, daß die Unfähigkeit, den anderen Menschen wirklich zu hören, keine moderne Erscheinung ist. Vielleicht ist die Fähigkeit, „ganz Ohr zu sein", nie sehr verbreitet gewesen. Vielleicht hat man immer schon eher gelernt, rasch zu reagieren, selber etwas zu tun und zu sagen, als ruhig und konzentriert zuzuhören.

In seiner Arbeit mit Eltern und Lehrern ist Thomas Gordon immer wieder auf das Problem des Zuhörens gestoßen. Er glaubt, daß Erzieher durch ihr Gesprächsverhalten eine echte Kommunikation oft eher hemmen als fördern. Er spricht sogar von „Straßensperren" auf dem Weg zur Kommunikation. Wenn irgendein Problem vorliegt, verhalten sich nach seinen Erfahrungen die meisten Erzieher ähnlich. Über 90 Prozent ihrer Reaktionen fallen in eine der folgenden zwölf Kategorien[1]:

1. *Befehlen, anordnen:*
   „Hör auf zu jammern und mach deine Arbeit fertig!"

2. *Zureden, moralisieren, predigen:*
   „Du mußt eben lernen, rücksichtsvoller zu sein!"
   „Du solltest . . .", „Du müßtest . . ."

---

1 Gordon (1972), S. 48ff. und Gordon (1977), S. 51ff.

3. *Warnen, drohen:*
   „Wenn du das machst, wird es dir leid tun!"

4. *Lösungen anbieten, Vorschläge machen:*
   „Sag doch deinen Kameraden, daß du mitspielen möchtest!"
   „Am besten ist, du besprichst das mit deinem Chef!"

5. *Belehren, „logische Argumente" anführen:*
   „Wir wollen doch den Tatsachen ins Auge sehen. Du hast nur
   noch einen Monat Zeit, um die Arbeit abzuschließen!"

6. *Verurteilen, kritisieren, widersprechen, beschuldigen:*
   „Du bist ganz einfach faul!"
   „Du denkst überhaupt nicht logisch!"
   „Das ist ein ganz falscher Standpunkt!"

7. *Beschimpfen, beschämen, lächerlich machen:*
   „Hört, hört! Ein kluges Kind!"
   „Du benimmst dich wie ein Anfänger!"

8. *Interpretieren, analysieren, diagnostizieren:*
   „Ich glaube, du bist bloß eifersüchtig!"
   „Du versuchst einfach, dich um diese Aufgabe zu drücken!"

9. *Loben, positive Bewertungen abgeben:*
   „Du bist sehr tüchtig. Du wirst das ganz bestimmt schaffen!"

10. *Beruhigen, trösten:*
    „Ganz so schlimm ist das nicht. Mir ist es auch schon ähnlich ge-
    gangen . . ."
    „Wenn du erst einmal darüber geschlafen hast, wird alles ganz an-
    ders aussehen!"

11. *Fragen, sondieren, verhören:*
    „Warum glaubst du, daß die Aufgabe so schwer war? Wieviele
    Stunden hast du daran gearbeitet?"
    „Bist du sicher, daß . . .?"

12. *Ablenken, aufheitern, zerstreuen:*
    „Denk einfach nicht mehr daran!"
    „Komm, reden wir über etwas anderes! Machen wir uns einen lu-
    stigen Abend!"

Bei der Lektüre eines solchen Katalogs von Gesprächsbarrieren mag der Eindruck entstehen, daß hier etwas übertrieben wird. Das liegt an der Häufung der negativen Beispiele. Niemand tendiert zu allen diesen Reaktionen. *Im Gespräch hat jeder seine eigenen Verhaltenstendenzen. Auf das „persönliche Repertoire" stoßen wir, wenn wir beobachten, was beim Zuhören in uns vorgeht.*

- Sind wir „beim anderen" und bei dem, was er ausdrückt? Oder sind wir innerlich dabei,
  - ihn zu interpretieren,
  - selber eine Lösung auszudenken,
  - eine Frage zu formulieren, einen Trost?

Unser persönliches Repertoire entspricht wahrscheinlich weitgehend dem, was wir selber in ähnlichen Situationen erfahren und gelernt haben. Wichtig ist, daß wir unsere Verhaltenstendenzen bewußt wahrnehmen. Wenn diese Vorgänge nicht mehr ganz „automatisch" (unbewußt) ablaufen, gewinnen wir die Freiheit, uns auch anders zu verhalten.

Die Fähigkeit, einem anderen Menschen ruhig und konzentriert zuzuhören, ist allgemein wenig entwickelt. Verbreitet ist dagegen ein vorschnelles „Antworten", das den Gesprächspartner nicht ganz ernstnimmt und die Kommunikation hemmt.

5.3.2.2 Lernmöglichkeiten

Was die kleine Momo konnte wie kein anderer, das war: Zuhören . . .
Wirklich zuhören können nur ganz wenige Menschen. Und so, wie Momo sich aufs Zuhören verstand, war es ganz und gar einmalig.
Momo konnte so zuhören, daß dummen Leuten plötzlich sehr gescheite Gedanken kamen. Nicht etwa, weil sie etwas sagte oder fragte, was den anderen auf solche Gedanken brachte, nein, sie saß nur da und hörte einfach zu, mit aller Aufmerksamkeit und Anteilnahme.

Michael Ende

Etwas von der fast magischen Wirkung des Zuhörens haben wir wahrscheinlich alle schon gespürt. Wenn uns jemand „mit aller Aufmerksamkeit und Anteilnahme" zuhört, kann sich die Art, wie wir ein Problem sehen und empfinden, verändern. Der andere braucht uns keinen Rat zu geben. Das Neue entwickelt sich in uns selbst – aber es hat damit zu tun, daß wir mit jemandem reden, der uns wirklich hört.
Die folgenden Ausführungen sollen zeigen,

- daß Zuhören keine Technik ist,
- sondern eher eine „Haltung", eine Art des „Da-Seins";
- daß Zuhören an bestimmte Voraussetzungen gebunden ist,
- gelernt werden kann
- und ganz spezifische Wirkungung hat.

A) Zuhören ist keine Technik

In vielen Kursen für Erzieher wird heute das sogenannte „aktive Zuhören" vermittelt[1]. Die Kursteilnehmer lernen, in einer bestimmten Weise auf ihren Gesprächspartner einzugehen. Sie greifen das auf, was der andere gesagt hat, und fassen es mit eigenen Worten zusam-

---

1 nach Gordon (1972, 1977).

men: „Das habe ich gehört, so habe ich dich verstanden". Wenn dieses „spiegelnde" Verfahren nur als Methode gelernt und angewendet wird, stört es die Beziehung zwischen den Gesprächspartnern.

- In einem Seminar für Eltern berichteten Mütter über ihre Versuche, aktives Zuhören mit ihren Kindern zu praktizieren. Die Resultate waren enttäuschend. Fast alle Kinder wehrten sich in irgendeiner Form gegen die „ausgebildeten Zuhörer":

  - Mami, seit wann sprichst du so komisch?
  - Du sagst ja immer nur das, was ich schon gesagt habe!
  - Jetzt sag doch endlich, was *du* meinst!

Die meisten Mütter waren nach diesen Erfahrungen davon überzeugt, daß aktives Zuhören „nicht funktioniere".

Aktives Zuhören „funktioniert" tatsächlich nicht: Es ist eben keine Technik!

B) Zuhören ist eine Art des Da-Seins

Zuhören heißt:

- Eine zeitlang für den anderen da sein.
- Schweigen können.
- Sich auf den anderen einstellen; aufmerksam sein.
- Sich in die Welt des anderen einfühlen; mit dem befaßt sein, was einem entgegenkommt.
- Ungewohntes und Fremdes akzeptieren.
- Den anderen so annehmen, wie er ist; ihn nicht ändern wollen.
- Sich selber bleiben; die Probleme des anderen nicht „übernehmen" (selber lösen wollen).

Dieses zuhörende Da-sein ist uns häufig irgendwie „zuwenig". Wir möchten „aktiv werden": trösten, eine Lösung suchen, einen Rat geben. Das ist nicht unbedingt falsch. Aber es ist oft vorschnell und verhindert ein tieferes Verstehen.

C) Zuhören ist an bestimmte Voraussetzungen gebunden

Wir können nicht immer gute Zuhörer sein.

Zuhören braucht Zeit. Wenn wir unter Druck stehen und versucht sind, auf die Uhr zu schauen, ist der Augenblick nicht günstig, ebenso wenn wir *innerlich stark mit anderem beschäftigt* sind. Und schließlich kann es sein, daß wir das, was der andere uns mitteilen will, *gar nicht hören wollen*, wir sind im Moment einfach nicht dazu bereit. Zuhören ist also an Voraussetzungen gebunden, die nicht immer gegeben sind. Wenn wir nicht zuhören können, ist es besser, dem anderen das zu sagen, als eine falsche Bereitschaft vorzutäuschen.

D) Zuhören ist lernbar

Zuhörendes Da-sein (vgl. B) ist tatsächlich lernbar, obwohl es viel mehr mit der Entwicklung der eigenen Persönlichkeit zu tun hat als mit dem Erwerb einer Technik.

Wir können lernen:

- zu schweigen.
- aufmerksam und offen zu werden.
- uns auf den anderen einzustellen und die Welt „mit seinen Augen" zu sehen.
- auf die Stimme des anderen zu hören, auf die Art, **wie** er etwas sagt, nicht nur auf die Worte.
- den anderen zu akzeptieren, ihn so **sein** zu lassen, wie er ist.
- „Türöffner" zu gebrauchen.

  Z.B.: „Möchtest du darüber reden"? Mit solchen offenen Formulierungen können wir unsere Gesprächsbereitschaft zeigen, ohne einengende Fragen zu stellen.

- dem anderen zu sagen, was wir gehört und wie wir ihn verstanden haben.

  Dies ist nicht einfach Technik des „aktiven Zuhörens" oder „spiegelnde Methode". Das ist vielmehr der Versuch, dem anderen zu zeigen, was bei uns „angekommen" ist, wie weit es uns

94

gelungen ist, seine Welt einfühlend zu verstehen. Die Frage lautet: Haben wir das gehört, was der andere uns mitteilen wollte?

E) Zuhören hat spezifische Wirkungen

Wenn ein Mensch wirklich gehört wird, beginnt sich für ihn vieles zu verändern:

- Er ist nicht mehr allein. Da ist einer, der ihn hört und versteht.
- Das erlaubt ihm, sich selber mit allen „negativen Gefühlen" besser zu akzeptieren.
- Angst, Ärger, Trauer, Gefühle der Ohnmacht und der Minderwertigkeit müssen nicht mehr abgelehnt und verborgen werden. Dies hat eine befreiende Wirkung und führt zu einer Vertiefung der Beziehungen.

Carl Rogers beschreibt die Wirkungen des Zuhörens folgendermaßen:

> Fast immer, wenn jemand erkennt, daß er in der Tiefe gehört wurde, füllen sich seine Augen mit Tränen. Ich glaube, daß es in einem ganz realen Sinn Tränen der Freude sind. Es ist, als sage er „Gott sei Dank, jemand hat mich gehört. Jemand weiß, was es bedeutet, ich zu sein". In solchen Augenblicken hatte ich manchmal die Phantasie von einem Gefangenen in einem Verlies, der Tag für Tag mit Morsezeichen eine Botschaft an die Wand klopft: „Hört mich jemand? Ist jemand da?" Und eines Tages hört er schließlich in schwachen Klopfzeichen die Antwort: „Ja". Durch diese eine schlichte Antwort ist er aus seiner Einsamkeit erlöst; er ist wieder ein Mensch geworden.[1].

Zuhören ist lernbar – nicht als „Technik", sondern als ein aufmerksames und einfühlendes Offensein gegenüber dem Gesprächspartner. Es beinhaltet die Fähigkeit, Ungewohntes zu akzeptieren und die Welt „mit den Augen des anderen" zu sehen.

---

1 Rogers (1981), S. 21f.

5.3.3 Reden

5.3.3.1 Das vorhandene Repertoire

> *Meine Damen und Herren, Politik bedeutet, und davon sollte man ausgehen, das ist doch – ohne darumherumreden – in Anbetracht der Situation, in der wir uns befinden . . . Wir haben immer wieder darauf hingewiesen, daß die Fragen des Umweltschutzes, und ich bleibe dabei, wo bliebe unsere Glaubwürdigkeit? Eins steht doch fest und darüber gibt es keinen Zweifel. Wer das vergißt, hat den Auftrag des Wählers nicht verstanden . . . Letzten Endes, wer sollte das bestreiten!*
>
> *Loriot: Bundestagsrede*

Was der Herr Abgeordnete sagt, läßt sich tatsächlich nicht bestreiten, denn da ist kein Inhalt, dem man widersprechen könnte. Der Redner hat sich hinter allgemeinen Formulierungen vollkommen versteckt. Seine Meinung – sofern überhaupt vorhanden – wird nicht sichtbar. Loriots humoristische Überzeichnung gilt den Reden im deutschen Bundestag. Dasselbe Versteckspiel kann aber auch außerhalb der Politik beobachtet werden:

> . . . Das kann man so nicht machen. Es ist klar, daß zuerst ein Plan erstellt werden muß. Man sollte überhaupt viel besser planen. Wir sehen doch alle ein, daß es besser ist so.

Wer will das „so nicht machen"?
Wem ist etwas klar?
Wer möchte besser planen?
Wer soll da etwas einsehen?

Da versteckt sich doch jemand hinter diesen unpersönlichen Wendungen!
Grundsätzlich gibt es zwei Möglichkeiten, indirekt zu reden und eine persönliche Aussage zu vermeiden:

A) Man-/wir-Formulierungen

- Man sollte, man tut, man muß . . .
- Wir meinen, wir sind der Ansicht, jeder weiß, niemand glaubt . . .

Wer so spricht, übernimmt nicht die volle Verantwortung für das, was er sagt[1]. Er versteckt sich hinter einer „öffentlichen Meinung". Er sucht die Unterstützung einer Gruppe und macht seine persönliche Ansicht zu einer allgemeinen.

B) Du/Sie-Botschaften

- Du solltest etwas rücksichtsvoller sein.
- Sie müssen noch einiges dazulernen!
- Du bist gemein!
- Finden Sie richtig, was Sie da tun?

Solche Formulierungen erwecken den Eindruck der Offenheit: Da scheint einer ganz deutlich zu sagen, was er meint. In Wirklichkeit sind diese Aussagen sehr indirekt. *Wer so redet, sagt etwas über den anderen aus und vermeidet damit, über die eigenen Gefühle zu sprechen.* „Du bist gemein!" das heißt doch wahrscheinlich „Ich bin verletzt" oder: „Ich bin wütend", oder vielleicht auch: „Ich bin traurig". Aber was heißt es nun wirklich? Die scheinbar so direkten „Du-Botschaften" sagen wenig über die tatsächlichen Gefühle des Sprechenden aus. Sie sind in der Regel verletzend und geben dem Empfänger das Gefühl, daß er etwas falsch gemacht hat[2].

Unsere alltäglichen Gespräche sind voll von diesen Versteckspielen. Unpersönliche Formulierungen und Du-Botschaften sind Kommunikationsmuster, die wir im Laufe der Erziehung übernehmen. Kleine Kinder äußern sich noch direkt:

- Ich bin . . ., ich möchte . . ., ich will nicht . . .

---

1 vgl. Cohn (1975), S. 124.
2 vgl. Gordon (1972/1977).

Das mag unbequem sein, aber es ist klar. Der Gesprächspartner weiß, woran er ist. Erwachsene dagegen reden oft so indirekt, daß die Klarheit der Kommunikation darunter leidet.

Zwei Ehetherapeuten – Spezialisten für Kommunikation – beschreiben die verwirrende Situation folgendermaßen: „So besteht also eine der größten Schwierigkeiten in der Kommunikation zwischen verschiedenen Personen darin zu erkennen, was der andere nun wirklich meint"[1]. . .

> Wer unpersönliche Wendungen (man/wir) braucht und über den anderen spricht (Du-/Sie-Botschaften), äußert sich indirekt und macht sich ungreifbar. Seine Kommunikation ist unklar und führt zu Mißverständnissen.

---

1 Lederer/Jackson (1972), S. 68.

5.3.3.2 Lernmöglichkeiten

> *Die richtige Ich-Sprache ist die Grundlage von Selbst-*
> *ausdruck und Selbstvertrauen.*
>
> F. Perls

Wir haben in der Schule vielleicht noch gelernt, von unseren Erleb-
nissen zu erzählen, ohne „andauernd *ich*" zu sagen. . . . „Dann ging
ich in Wald", war kein guter Satz. Besser war es, unpersönlich zu bleiben und die Sache dafür ein wenig auszuschmücken: „Dann ging's mit
großen Schritten dem Walde zu" . . . Eine solche Formulierung
konnte mit Sicherheit keinen Anstoß erregen.
Heute werden wir nun von allen Seiten dazu aufgefordert, offener zu
kommunizieren und „von uns selber" zu reden:

> *Vertritt dich selbst in deinen Aussagen; sprich per „Ich" und nicht per*
> *„Wir" oder per „Man".*
>
> Cohn (1975), S. 124.

> *Übernimm die Verantwortung für das, was du sagst. „Ich-Botschaften"*
> *sind klarer, wirksamer und weniger verletzend als „Du-Botschaften".*
>
> nach Gordon (1977), S. 114f.

> *Der wichtigste Schritt besteht darin, die „es"-Sprache in die Ich-Sprache*
> *zu übersetzen. Lerne, das Wort „Ich" gleichsam groß zu schreiben und*
> *„groß" zu sprechen.*
>
> nach Perls (1978), S. 262.

Ich, ich, ich! Ist das nicht kindlich und egoistisch? Tatsächlich sind
sich alle Fachleute[1] darin einig, daß wir zur Verbesserung der Kommunikation genau das lernen müssen, was wir als Kinder spontan ge-
konnt haben: von uns selber reden, Gefühle wahrnehmen, akzeptieren – und auch mitteilen!

---

1   vgl. auch Rogers (1973, 1981), Satir (1975), Fittkau (1977) etc.

Das Wahrnehmen und Akzeptieren von Gefühlen setzt jedoch voraus, daß wir uns mit vielen anerzogenen Normen auseinandersetzen.

- Warum dürfen wir z.B. nicht ärgerlich sein?
- Warum müssen wir verbergen, daß wir traurig und niedergeschlagen sind?
- Warum schämen wir uns zärtlicher und sexueller Gefühle?

Die Liste könnte beliebig fortgesetzt werden. Wir haben gelernt, viele Bedürfnisse und Gefühle als unpassend, unreif oder gar als „schlecht" zu empfinden: wir haben gelernt, uns schuldig zu fühlen, wenn immer wir sie spürten – und schließlich ist es uns gelungen, sie gar nicht mehr wahrzunehmen. *Verdrängte Gefühle können unser Verhalten aber sehr wirksam beeinflussen.* Wenn wir z.B. in der Partnerschaft den kleinen alltäglichen Ärger nicht wahrnehmen, so fließt er unbewußt – und damit auch unkontrolliert in die Beziehung ein. Das muß nicht unbedingt zu einer „großen Explosion" führen; man kann sich auch ganz allmählich „auseinanderleben". *Gefühle sind real, sie gehören zu den „Tatsachen des Lebens". Wir können zwar versuchen, sie zu verdrängen, zu leugnen und zu ignorieren; zum Verschwinden bringen wir sie aber nicht.*
Das Wahrnehmen und Akzeptieren von Gefühlen ist vielleicht der wichtigste Schritt zu Verbesserung der Kommunikation. Es bleibt aber immer noch das *Risiko der Mitteilung.* Kann ich mich dem anderen ohne Maske zeigen? Was wird geschehen, wenn er erfährt, „wie ich wirklich bin"?
Tatsächlich braucht es Mut, die Verantwortung für die eigenen Gefühle zu übernehmen. Wenn wir uns und anderen eingestehen, daß wir verletzlich sind, geängstigt, enttäuscht, ärgerlich, entmutigt – so zeigen wir uns ohne Maske als ganz gewöhnliche Menschen. Wahrscheinlich wird dies unsere Partner entlasten und echte Beziehungen auf gleicher Ebene fördern. Vieles spricht dafür, daß auch Menschen in Autoritätspositionen, Eltern, Lehrer, sich solche Offenheit leisten können[1]. Wenn Erzieher damit beginnen, aufrichtig zu sein und ihre

---

1 vgl. Gordon (1972, 1977).

eigentlichen Gefühle zu äußern, so können sie als reale Menschen wahrgenommen werden. Sie steigen vom Sockel und werden lebendig. Es gibt nichts, was die Beziehung zwischen den Generationen tiefgreifender und positiver verändern könnte.

> Wer von sich selber spricht, zeigt sich als realer Mensch und übernimmt die Verantwortung für seine Gefühle. Durch „Ich-Botschaften" gewinnt die Kommunikation an Offenheit, Klarheit und Menschlichkeit.

5.3.4 Konflikte lösen

5.3.4.1 Das vorhandene Repertoire

Geborenwerden heißt in Konflikte geraten
Marc Oraison

Konflikt ist Auseinandersetzung. Konflikte entstehen überall, wo verschiedene Bedürfnisse, Interessen, Meinungen, Normen und Werte zusammentreffen. Das bedeutet nicht unbedingt, daß es zu Streit und zum Ausbruch von Aggressionen kommen muß. Es bedeutet lediglich, daß wir weder mit uns selbst noch mit anderen Menschen in andauernder Harmonie leben können.

Konflikte beruhen darauf, daß verschiedene Verhaltenstendenzen gleichzeitig vorhanden sind. Diese Situation entsteht bereits innerhalb der einzelnen Person. Wir kennen das Hin- und Hergerissensein zwischen verschiedenen Bedürfnissen: Wir wollen das eine − und möchten nicht auf das andere verzichten. Wir kennen auch den Konflikt zwischen unseren Wünschen und der „inneren Kontrolle", dem Gewissen: Wir möchten gerne etwas tun, aber wir zweifeln daran, ob es richtig ist. Dieses „Gespaltensein" ist natürlich und gehört ebenso zum lebendigen Organismus wie das „Eins sein mit sich selber". Ähnliches gilt auch für die Kommunikation mit anderen Menschen. Zwischen „offener Auseinandersetzung" und „völliger Übereinstimmung" spielt sich das ganze lebendige Beziehungsgeschehen ab. *Konflikt und Harmonie müssen als natürliche Polarität betrachtet werden.* Der eine Pol ist ohne den anderen nicht denkbar.

Die Betonung dieser Tatsache ist deshalb so wichtig, weil wir dazu tendieren, nur die eine Seite des Geschehens als „normal" zu betrachten, die andere dagegen als außerordentlich, als etwas, das „nicht sein sollte". Natürlich sind Konflikte unangenehm und mit Spannungen verbunden. Es ist verständlich, daß wir den „konfliktfreien Raum" und die harmonische Beziehung suchen. Aber es ist falsch, in der Auseinandersetzung nur das Negative und das vom „Normalen" Abweichende zu sehen. *Konflikte können neue Entwicklungen in Gang setzen. Wenn wir sie nicht unterdrücken, sondern konstruktive Lösun-*

102

gen suchen, ist es möglich, daß sie kommunikationsfördernd wirken und Beziehungen lebendig erhalten.

Unser traditionelles Verhaltensrepertoire im Umgang mit Konflikten ist allerdings beschränkt. In der Regel bemühen wir uns, Spannungen zu vermeiden und der Auseinandersetzung auszuweichen. Oder wir versuchen unsere Interessen durchzusetzen und die des anderen zu ignorieren. Die „Konfliktregelung" nach der Sieg-Niederlage-Methode[1] ist fest in unseren Erziehungserfahrungen verankert. Der Stärkere setzt seine Machtmittel ein, der Schwächere unterliegt und muß verzichten. Die systematische Beobachtung von Kleingruppen hat ergeben, daß die folgenden „Techniken der Konfliktregelung" weit verbreitet sind[2]:

Vermeidung: Die Kommunikation der Gruppenmitglieder bleibt so oberflächlich, daß ernsthafte Konflikte vermieden werden können.

Ausschluß: Wer andere Ansichten vertritt, hat keinen Platz in der Gruppe. Opponierende Mitglieder werden ausgeschlossen.

Unterdrückung: Die Mehrheit herrscht und setzt ihre Interessen jederzeit gegen die Minderheit durch. Auch die allgemein akzeptierten „Abstimmungen" (Mehrheitsentscheide) verhindern nicht, daß Spannungen und Feindseligkeit zunehmen.

Allianzbildung: Um bestimmte Interessen durchzusetzen, werden Bündnisse geschlossen. Schließlich gerät die Opposition in die Minderheit und wird „überstimmt".

Solche Mechanismen der Konfliktbewältigung laufen sehr häufig unbewußt ab. Die einzelnen Gruppenmitglieder spüren vielleicht, daß „irgendetwas los ist", aber sie nehmen weder den Konflikt deutlich wahr, noch die Art, wie sie mit ihm umgehen. Wenn aber die folgen-

---

1 vgl. Gordon (1972/1977).
2 nach Coser (1972).

den Verhaltensweisen in einer Gruppe häufig vorkommen, müssen sie als Symptome für das Vorhandensein von Konflikten betrachtet werden.

Allgemeine Symptome für Konflikt[1]

- Die Gruppenmitglieder sind ungeduldig miteinander und hören sich nicht richtig zu.
- Ideen werden angegriffen, noch bevor sie ganz ausgesprochen sind. Jeder Vorschlag, der gemacht wird, scheint aus irgendwelchen Gründen nicht durchführbar.
- Mitglieder nehmen Partei und weigern sich nachzugeben. Sie können sich nicht über Pläne und Vorschläge einigen. Es gibt kein Vorankommen in Richtung auf eine Lösung. Die Gruppe fährt sich in unwesentlichen Punkten fest.
- Argumente werden mit großer Heftigkeit vorgetragen.
- Mitglieder greifen sich gegenseitig auf subtile Weise persönlich an.
- Mitglieder sprechen abfällig über die Gruppe.
- Es gibt verhüllte Angriffe gegen die Führung der Gruppe.
- Mitglieder klagen sich gegenseitig an, daß sie das eigentliche Problem nicht verstehen.
- Diskussionsbeiträge werden „überhört" oder verdreht. Es gibt viele Mißverständnisse.

Wenn solche Situationen und Verhaltensweisen in einer Gruppe wiederholt vorkommen, verbreitet sich unter den Mitgliedern oft ein Gefühl der Resignation. Es erscheint „sinnlos, noch irgend etwas ändern zu wollen". Die Mitglieder tendieren dazu, sich zurückzuziehen und befriedigende menschliche Beziehungen außerhalb der Gruppe zu suchen. Man ist „fertig miteinander", noch bevor die grundlegenden Konflikte überhaupt erkannt und formuliert worden sind.

---

1   nach Antons (1973), S. 218f.

Konflikte entstehen durch das Zusammentreffen unterschiedli-
cher Normen, Bedürfnisse und Verhaltenstendenzen. Sie können
weder durch Verleugnung noch durch den Einsatz von Machtmitteln gelöst werden. Unerkannte Konflikte führen zu einer Ver-
schlechterung der Beziehungen und gefährden die Existenz der
Gruppe.

5.3.4.2 Lernmöglichkeiten

In einem offenen Konflikt kann man in vernünftiger Weise am anderen Anteil nehmen und mit ihm teilen.

George R. Bach

A) Eigene Verhaltenstendenzen erkennen

Unser Verhaltensrepertoire im Umgang mit Konflikten hat eine Geschichte, die weit in die frühe Kindheit zurückreicht.

- Wie haben die Eltern reagiert, wenn das Kleinkind eigene Wünsche äußerte und nicht dasselbe wollte wie sie?
- Wie haben sich Geschwister und Spielkameraden verhalten, wenn es Konflikte gab? Waren sie z.B. älter – und stärker?
- Hatte man irgendeine Chance sich durchzusetzen – und wie hat man das gemacht?

Frühe Erfahrungen haben unser Verhalten im Umgang mit Konflikten geprägt. *Erwachsene Menschen sind großgewordene Kinder.* Wenn wir z.B. dazu tendieren, jede Auseinandersetzung ängstlich zu vermeiden, so ist dies ein kindliches Verhaltensmuster. Ebenso kindlich ist es, durch Imponiergehabe und Drohgebärden den anderen einzuschüchtern und das „Recht des Stärkeren" durchzusetzen. Zu konstruktiveren Problemlösungen gelangen wir aber nur dann, wenn wir unsere persönlichen Verhaltenstendenzen in Konfliktsituationen bewußt wahrnehmen. Das Erkennen unserer „automatisch" ablaufenden Spontanreaktionen eröffnet uns neue Möglichkeiten. Wir können uns dafür entscheiden, andere Verhaltensmuster zu erproben.

B) Verschiedenheit akzeptieren

Konflikte können überhaupt nur dann vernünftig geregelt werden, wenn die Beteiligten die Verschiedenheit ihrer Bedürfnisse und Standpunkte wirklich akzeptieren. Dies zu lernen ist vielleicht eine Lebensaufgabe. Das Akzeptieren von Menschen, die anders sind und anders denken als wir, fällt uns gewöhnlich umso leichter, je weniger wir mit ihnen zu tun haben. Wirklich betroffen sind wir nur vom Anderssein unserer Nächsten. Sollten sie nicht ebenso denken und fühlen wie wir? Besteht nicht das Wesen einer guten Beziehung darin, daß man „miteinander übereinstimmt"?

Martin Buber geht in seinem philosophischen Denken davon aus, daß Menschen sich nur dann in einem tieferen Sinne begegnen können, wenn sie das „elementare Anderssein des anderen" bejahen. In „Urdistanz und Beziehung", einem Beitrag zur philosophischen Anthropologie, formuliert er diese Überzeugung folgendermaßen:

> Das echte Gespräch und so jede aktuale Erfüllung der Beziehung zwischen Menschen, bedeutet Akzeptation der Anderheit. Wenn zwei Menschen einander ihre grundverschiedenen Meinungen über einen Gegenstand mitteilen, jeder in der Absicht, seinen Partner von der Richtigkeit der eigenen Betrachtungsweise zu überzeugen, kommt im Sinn des Menschseins alles darauf an, ob jeder den anderen als den meint, der er ist, bei allem Einflußwillen also ihn doch in seinem Dieser-Mensch-sein, in seinem So-beschaffen-sein rückhaltlos annimmt und bestätigt . . . Das elementare Anderssein des Anderen wird dann nicht bloß als notwendiger Ausgangspunkt zur Kenntnis genommen, sondern von Wesen zu Wesen bejaht[1].

Wenn wir lernen, den anderen „rückhaltlos" anzunehmen, werden wir konfliktfähig. Wir erleben sein Anderssein nicht mehr als Bedrohung. Wir spüren nicht mehr den Zwang, ihn zu erziehen und zu verändern. Konfliktregelung wird damit zu einem „rationalen Problem": Wir werden fähig, „in vernünftiger Weise am anderen Anteil zu nehmen und mit ihm zu teilen"[2].

C) Auf Machtanwendung verzichten

Echte Konfliktlösungen kommen am ehesten zustande, wenn kein Machtgefälle zwischen den Beteiligten besteht. Da keiner dem anderen

---

1 Buber (1978), S. 30.
2 Bach (1980), S. 247.

seinen Willen aufzwingen kann, muß eine Lösung gefunden werden, die beiden Seiten gerecht wird.

Ein Machtgefälle zwischen Konfliktparteien besteht dann, wenn die eine Seite über wirksame Möglichkeiten verfügt, die andere Seite zu belohnen und zu bestrafen. Die Macht ist umso größer, je abhängiger die anderen von Belohnungen sind und je weniger sie Bestrafungen ausweichen können. Die Versuchung Machtmittel einzusetzen ist deshalb so groß, weil Konflikte auf diesem Wege rasch und wirksam „bewältigt" werden. Wozu lange diskutieren, wenn man „auf den Tisch hauen" kann?

Trotzdem verzichten heute viele Eltern, Erzieher und Vorgesetzte weitgehend auf den Einsatz von Machtmitteln. Sie tun das deshalb, weil sie die langfristig destruktiven Auswirkungen der Macht erkannt haben. Der rasche Erfolg des „Machtwortes" wird allzu häufig teuer erkauft. Wer eine Niederlage erlitten hat, entwickelt keine positiven Gefühle gegenüber dem Sieger und ist nicht dazu motiviert, die aufgezwungene „Lösung" selbständig und verantwortlich zu vertreten. *Konflikte werden durch Machtanwendung mehr unterdrückt als gelöst. Sie schwelen weiter und fordern zu immer neuer Machtausübung heraus.*

D) Methoden der Konfliktlösung anwenden

Methoden dienen der Verwirklichung von Zielen. Sie können nur dann erfolgreich eingesetzt werden, wenn bestimmte Zielentscheide gefallen sind. So setzt die Methode der „Konfliktlösung ohne Niederlage"[1] voraus, daß sich alle Beteiligten dazu entschließen, die Verschiedenheit der Standpunkte und Bedürfnisse zu akzeptieren und auf Machtanwendung zu verzichten. Auf dieser Basis können die nachfolgenden methodischen Schritte[2] zur Lösung von Konflikten nützlich sein.

---

1 Gordon (1972/1977).
2 nach Gordon (1977), S. 197ff.

1. Das Problem definieren
Dieser erste Schritt ist vielleicht der wichtigste und schwierigste zugleich. In einem gewöhnlichen Streit werden häufig Anklagen und Schuldzuschreibungen ausgetauscht, ohne daß es zu einer klaren Definition des Konfliktes kommt. Wo das eigentliche Problem liegt und worum es genau geht, bleibt damit unklar. Eine sorgfältige Definition der unterschiedlichen Standpunkte ist aber Voraussetzung für jede dauerhafte Konfliktregelung. Sie enthält oft bereits den Ansatz zu einer Lösung. Wichtig ist dabei, daß man folgendes beachtet:

● *Den richtigen Zeitpunkt wählen*
Die Chancen für eine Konfliktlösung sind wahrscheinlich besser, wenn der größte Ärger abgeklungen ist – man kann dann wieder besser denken. Auch muß man ohne Zeitdruck miteinander reden können.

● *Zuhören und von sich reden*
Die Ebene der bloßen Anklagen (Du! Du! Du!) wird dann verlassen, wenn die Beteiligten damit beginnen, von sich selber zu sprechen: *mich* stört . . ., *ich* möchte . . ., *ich* würde gerne . . . Damit werden die unterschiedlichen Wünsche und Bedürfnisse einmal deutlich ausgesprochen. Wenn gleichzeitig die Bereitschaft da ist, dem anderen auch zuzuhören, kann der Konflikt definiert werden. Endlich wird klar, worum es eigentlich geht.

2. Lösungsmöglichkeiten sammeln
Die Diskussion um mögliche Lösungen leidet oft darunter, daß man gleich den ersten Vorschlag aufgreift und zum Ausgangspunkt einer Auseinandersetzung macht. Andere Lösungswege werden dann nicht mehr in Betracht gezogen. Einen Ausweg aus dieser Schwierigkeit bietet das sogenannte „Brainstorming". Es besteht darin, daß man beim Suchen von Lösungen seiner Phantasie freien Lauf läßt und die kritische Diskussion zurückstellt: zuerst die Ideen (möglichst viele, auch scheinbar „unsinnige") – und dann die Diskussion!

3. Beurteilen und entscheiden

Wichtig ist, daß bei der Beurteilung der gefundenen Möglichkeiten realistische Maßstäbe angelegt werden. Ideale Lösungen sind selten. Meistens geht es nicht einmal darum, die „bestmögliche Lösung" zu finden, denn darüber kann es sehr verschiedene Ansichten geben. Entscheidend ist vielmehr, daß eine Lösung gefunden wird, die *für beide Seiten annehmbar* ist. Beide Konfliktparteien müssen an der Beurteilung der Lösung und am Entscheidungsprozeß beteiligt sein. Nur so entsteht die Bereitschaft, die getroffene Entscheidung auch mitzutragen.

4. Realisieren und überprüfen

Bei schwierigen Problemen kann es wichtig sein, daß man sich genau überlegt, wie die gefundene Lösung realisiert werden kann. Welche Verhaltensweisen sind erforderlich? Was soll jeder einzelne tun? Bewährt hat sich auch die Festsetzung eines Termins zur Überprüfung der Vereinbarungen. Nach einer gewissen Zeit müssen alle Beteiligten die Gelegenheit haben, sich zur neuen Lage zu äußern. Wenn eine Konfliktregelung unbefriedigend ist, soll sie ohne gegenseitige Vorwürfe revidiert werden können.

Partnerschaftliche Konfliktregelung setzt voraus, daß die Beteiligten ihre Verschiedenheit akzeptieren und auf Machtanwendung verzichten. Aktives Zuhören und Ich-Botschaften erleichtern das Erkennen der unterschiedlichen Standpunkte und Bedürfnisse. Das gemeinsame Suchen, Beurteilen und Entscheiden führt zu Konfliktlösungen, die von beiden Seiten akzeptiert und mitgetragen werden.

Literaturverzeichnis

Antons, K.: Praxis der Gruppendynamik. Hogrefe: Göttingen, 1973.

Artho, E./Gubler, K./Marmet, O./Werthmüller, H.: Heisser Stoff Aggression. SITZT-Verlag: Meilen, 1993.

Bach, George, R.: Halt! Mach mich nicht verrückt. Diederichs: Düsseldorf, 1980.

Battegay, R.: Der Mensch in der Gruppe Band I. Huber: Bern, 1973.

Baus, M./Jacoby, K.: Sozialpsychologie der Schulklasse. Kamp: Bochum, 1976.

Bennis, W.G./Shepard, M.A.: A Theory of Group Development. In: Human Relations 9, 1956. S. 415–437.

Bion, W.R.: Erfahrungen in Gruppen. Klett: Stuttgart, 1971.

Bracken, H.v. (Hrsg.): Erziehung und Unterricht behinderter Kinder. Akad. Verlagsgesellschaft: Frankfurt a.M., 1968.

Brocher, T.: Gruppendynamik und Erwachsenenbildung. Westermann: Braunschweig, 1967.

Buber, M.: Urdistanz und Beziehung. Lambert Schneider: Heidelberg, 1978.

Cohn, R.: Von der Psychoanalyse zur themenzentrierten Interaktion. Klett: Stuttgart, 1975.

Coser, L.A.: Theorie sozialer Konflikte. Luchterhand: Berlin, 1972.

Dahrendorf, R.: Homo Sociologicus. Westdeutscher Verlag: Opladen, 1977[15].

Erikson, E.H.: Kindheit und Gesellschaft. Klett: Stuttgart, 1968.

Feigenwinter, M.: Soziales Lernen im Unterricht. Klett & Balmer: Zug, 1978.

Fittkau, B./Müller-Wolf, H.M./Schulz von Thun, F.: Kommunizieren lernen. Westermann: Braunschweig, 1977.

French, J.R.P./Raven, B.: The Basis of Social Power. In: Cartwright, D. (Hrsg.): Studies in Social Power. Ann Arbor: Michigan, 1960.

Friedemann, A.: Theoretische Grundlagen der Gruppenpsychotherapie. In: Stefan de Schill (Hrsg.): Psychoanalytische Therapie in Gruppen. Klett: Stuttgart, 1971.

Frisch, M.: Tagebuch 1946-49. Suhrkamp: Frankfurt a.M., 1950.

Goffmann, E.: Stigma. Über Techniken der Bewältigung beschädigter Identität. Suhrkamp: Frankfurt a.M., 1967.

Gordon, Th.: Familienkonferenz. Hoffmann und Campe: Hamburg, 1972.

Gordon, Th.: Lehrer – Schüler – Konferenz. Hoffmann und Campe: Hamburg, 1977.

Hartley, E.L./Hartley, R.E.: Die Grundlagen der Sozialpsychologie. Rembrandt: Berlin, 1955.

Heider, F.: The Psychology of Interpersonal Relations. Wiley: New York, 1958.

Hofstätter, P.R.: Einführung in die Sozialpsychologie. Kröner: Stuttgart, 1963.

Hofstätter, P.R.: Gruppendynamik. Rowohlt: Hamburg, 1968[9].

Homans, G.C.: Theorie der sozialen Gruppe. Westdeutscher Verlag: Köln und Opladen, 1960.

Irle, M.: Lehrbuch der Sozialpsychologie. Hogrefe: Göttingen, 1975.

Jung, C.G.: Gesammelte Werke, Briefe II. Walter: Olten, 1980.

Kaufmann, H./Marmet, O./Werthmüller, H./Zurbriggen, M.: Du musst draußen bleiben! SITZT-Verlag: Meilen, 1994.

Kopp, S.: Rollenschicksal und Freiheit. Junfermann: Paderborn, 1982.

Lederer, W.J./Jackson, D.D.: Ehe als Lernprozeß. Pfeiffer: München, 1972.

Lewin, K./Lippitt, R./White, R.K.: Patterns of Aggressive Behavior in Experimentally Created Social Climates. In: J. Social Psychology 10, 1939.

Loriot: Loriots dramatische Werke. Diogenes: Zürich, 1981.

Luft, J.: Einführung in die Gruppendynamik. Klett: Stuttgart, 1973.

Mead, M.: Der Konflikt der Generationen. Walter: Olten, 1971.

Mills, T.M.: Soziologie der Gruppe. Juventa: München, 1969.

Mueller, E.F./Thomas, A.: Einführung in die Sozialpsychologie. Hogrefe: Göttingen, 1974.

Neuberger, O.: Experimentelle Untersuchung von Führungsstilen. In: Gruppendynamik 3, 1972. S. 192–219.

Oraison, M.: Mit Konflikten leben. Walter: Olten, 1973.

Perls, F.: Das Ich, der Hunger und die Aggression. Klett: Stuttgart, 1978.

Perls, F.: Grundlagen der Gestalttherapie. Pfeiffer: München, 1976.

Perls, F.: Gestalt, Wachstum, Integration. Junfermann: Paderborn, 1980.

Pfeiffer, W.: Strukturierte Erfahrungen. Teamco: Kopenhagen, 1974.

Reimann, H.: Basale Soziologie: Hauptprobleme. Westdeutscher Verlag: Opladen, 1979[2].

Rogers, C.: Entwicklung der Persönlichkeit. Klett: Stuttgart, 1973.

Rogers, C.: Encounter Gruppen. Kindler: München, 1974.

Rogers, C.: Lernen in Freiheit. Kösel: München, 1974.

Rogers, C.: Der neue Mensch. Klett: Stuttgart, 1981.

Satir, V.: Selbstwert und Kommunikation. Pfeiffer: München, 1975.

Sbandi, P.: Gruppenpsychologie. Pfeiffer: München, 1973.

Simkin, James, S.: Gestalttherapie. Jugenddienst-Verlag: Wuppertal, 1978.

Stevens, J.O.: Die Kunst der Wahrnehmung. Chr. Kaiser: München, 1975.

Suzuki, S.: Zen-Geist, Anfänger-Geist. Theseus: Zürich, 1979.

Tausch, R. und A.: Erziehungspsychologie. Hogrefe: Göttingen, 1971[6].

Trotter, W.: Instincts of the Herd in Peace and War. Zitat nach: Zimbardo-Ruch. Lehrbuch der Psychologie. Springer: Berlin, 1978.

Vopel, K.W.: Interaktionsspiele. ISKO-PRESS: Hamburg, 1974.

Vopel, K.W.: Handbuch für Gruppenleiter. ISKO-PRESS: Hamburg, 1976.

Vopel, K.W.: Interaktionsspiele für Jugendliche. ISKO-PRESS: Hamburg, 1981.

Watzlawick/Beavin/Jackson: Menschliche Kommunikation. Huber: Bern, 1969.

Weber, W.: Wege zum helfenden Gespräch. E. Reinhardt: München/Basel, 1974.

Werthmüller, H.: Menschlich lernen. TZT-Basisbuch. SITZT-Verlag: Meilen, 1993[3].

Willi, J.: Die Zweierbeziehung. Rowohlt: Reinbek bei Hamburg, 1975.